MI PRIMER MILLÓN

Cómo ganar tu primer millón en tres años

Mario Quintero

Un método realmente comprobado para orientarte
sobre los pasos que tienes que seguir para poder
ayudarte a ganar tu primer millón.

1. Autorreflexión

Trataré de ser lo más claro posible al momento de estar explicando durante cada etapa y capítulo de esta lectura, para una mejor y mayor explicación de todo lo que estás por leer, pues al estar platicando y sobre todo al estar hablando y mezclando números, cuentas y procedimientos, hablar de todo esto en conjunto se hace un poco confuso, por lo que trataré de ser lo más claro posible con usted, mencionando números, pasos, procedimientos, valores y costos reales de cada cosa u objeto, ajustados a los precios promedio que circulan en el mercado actual, tomando como referencia para estos valores los primeros meses del año dos mil diecinueve. Quiero aclarar que no soy escritor, ingeniero ni arquitecto, soy un ser humano común y corriente, de carne y hueso.

En este entendido, trataré de expresarme de una manera simple, usando frases comunes de fácil entendimiento, para su mejor comprensión; voy a evitar utilizar palabras rebuscadas para no entorpecer y confundir su lectura, pues en ocasiones cuando tenía la oportunidad de leer algún libro me encontraba con cada palabra que la verdad nunca antes había escuchado, mucho menos que supiera o entendiera su significado. Aclarado lo anterior empezaré por platicar una pequeña parte de mi propia historia; aunque la vida y la experiencia de cada ser humano es única y diferente, la lógica, el sentido común, por el contrario, es el mismo para las mayorías, coincidiendo en que la experiencia y la perseverancia siempre lograrán hacer que nuestra vida sea más fácil.

Para reflexionar un poco y puedan entender lo complicado que es hacer esta encomienda, en primer término tenemos que hacer un examen de conciencia, que sinceramente creo yo es de las partes más complicadas en este proceso, la autorreflexión en nosotros mismos para tratar de ser honestos y realistas sobre nuestros alcances, capacidades, limitantes y metas; creo que éste será el primer paso, uno de los más importantes de cumplir honestamente y en especial de superar; podríamos hablar o hacer referencia a esto como el primer obstáculo que se tiene que vencer.

¿Por qué razón digo esto? Sencillo si no somos honestos con nosotros mismos, no tiene lógica estarnos haciendo tontos; total, en este caso en particular a nadie vamos a engañar, nos engañamos solos; por el contrario, sí es muy importante ser sinceros, para realmente saber si queremos, si podemos, si tenemos ganas y si de verdad usted lector está dispuesto a sacrificar tiempo, trabajo, actividades, costumbres, hábitos y varias cosas más para poder lograr nuestro objetivo, el cual en esta ocasión es poder conseguir ganar el *primer millón* en un tiempo estimado de tres años, más o menos hablando de un período promedio aproximadamente.

Ciertamente, de antemano les puedo adelantar que no es una tarea pero para nada fácil, se requiere mucha disciplina, paciencia, dedicación y sobre todo trabajo y ahorro, pero también es muy cierto el hecho que no es algo imposible, yo lo hice, lo logré, partiendo no de ceros sino de tener deudas y números rojos en mis finanzas, incluso he ayudado a más de uno entre amigos y algunos conocidos cercanos a que también lo consigan de forma satisfactoria, en cada caso aplicaban diferentes variantes, las cuales al final desencadenan en el mismo sentido: una serie de sencillos pasos, rutinas y procedimientos, los cuales al decir simples es sólo en teoría, no quiero que piensen que todos los pasos o procedimientos son del todo fáciles, la complejidad del mismo tema nos ofrece un panorama más claro de lo que estamos hablando; el objetivo en sí, solo el hecho de poder conseguir un millón, es toda una proeza, un verdadero logro, que puede cambiar de manera significativa para siempre nuestras vidas.

Un buen comienzo es aclarar el punto de lo complicado que es esta tarea, partiendo de hacer conciencia a fondo de la realidad que se vive en nuestro país, donde la mayoría de las personas pasan toda su vida productiva trabajando de sol a sol sin poder ganar esta cantidad de dinero. Aclaremos un poco más a conciencia estas líneas, de cierta manera, lo que a criterio muy personal considero muy importante, porque déjeme decirle mi querido lector, si usted tiene la creencia que el ser humano es completamente productivo durante toda su existencia, lamento desengañarlo e informarle que no es así. Desconozco las causas o motivos reales de esta razón, tal vez las costumbres, a lo mejor el sistema que nos rige o simplemente la naturaleza del ser humano, de verdad creo que el fundamento como tal no importa, no trasciende.

Lo realmente relevante es el hecho que cuando eres joven muchas de las veces no tienes la visión para pensar en buscar una estabilidad económica o por lo menos intentar conseguir una libertad financiera; definitivamente tus pensamientos, planes y proyectos de vida en la mayoría de los casos están enfocados de tiempo completo en otras cosas. Por otro lado, cuando eres adulto ya mayor, considerando una edad un poco avanzada, tus capacidades en la mayor parte de los casos se ven severamente limitadas por muchas razones, empezando por la salud, continuando con lo físico, seguido de lo mental, también lo emocional y en muchas de las veces, ni si quiera por voluntad propia. Entendiendo esta parte continuemos con el tema hablando de un periodo de la existencia del ser humano en específico.

Me refiero a lo que significa para mí la edad productiva de una persona de una forma más clara, hago mención a una fracción, a esa pequeña cantidad de años del ciclo total de nuestras vidas, a la cual llamaré o haré referencia de aquí en adelante como la edad productiva del ser humano, porque ciertamente hay muchos, muchísimos criterios, comentarios, opiniones que hablan y hacen mención acerca de este tipo de temas, que incluso en algunos libros te dan miles de consejos de cómo hacerle para volverte rico de la noche a la mañana siguiente, los cuales se vuelven hasta repetitivos en muchos de los casos, pues todos en general te dicen casi siempre lo mismo: que ahorres, que no gastes, que busques activos, que te deshagas de los pasivos y así sucesivamente hasta volver el tema hasta cierto punto un poco complicado, difícil de entender y por lo tanto negativo y sobre todo casi imposible de realizar, pero más grave aún, te quitan las ganas de intentarlo, pues a simple vista no encuentras nada de extraordinario que te motive a hacerlo y si quieres entrar más a fondo en el estudio del tema de todos estos consejos genéricos te darás cuenta que no te ayudan en nada, pues siendo sinceros, muchos mortales ni siquiera sabemos realmente lo que es un activo y mucho menos lo que es un pasivo, me incluyo en ese grupo de personas.

En diferentes textos leo que invierta en activos que es la mejor opción; entonces, haciendo caso a este consejo, se me ocurre que tramite un crédito para comprar un activo, en especial la compra de un departamento en una torre moderna, de esos edificios nuevos y elegantes que están construyendo por todas partes; total, en todos lados me dicen que la compra de activos me ayudará a ser rico, entonces bajo este principio se tramita un crédito hipotecario, se autoriza y se compra el departamento por medio de un financiamiento a treinta largos y benditos años, donde los pagos quedan relativamente cómodos, aproximadamente de cinco mil quinientos pesos mensuales, sin olvidar que serán durante los próximos treinta años de vida; fácil: cumples con trescientos sesenta pagos mensuales y listo, el departamento será propio al término de ese plazo de tiempo; aproximadamente hablamos del cuarenta por ciento de los ingresos mensuales de una persona promedio que serán destinados al pago de la compra de la nueva vivienda (el supuesto activo), una vez efectuada la transacción, les recuerdo, por la motivación de los consejos leídos donde dicen que la adquisición de activos es la mejor inversión.

Ya que se firma y se compromete con el banco a realizar los abonos, solo es cuestión de ver trascurrir los días al paso del primer mes cuando se llega la fecha de pago, en ese preciso momento comienzan a surgir varios problemas que al transcurrir el tiempo se volverán la perdición de cualquier ser humano, el primero de ellos es que nunca nadie te explicó que el departamento por si solo está lleno de pasivos. ¿Cómo puede ser eso posible? Pues lamentablemente así es, mi querido lector, debemos comprender que no todos los activos siempre son rentables.

A mi modo de ver y entender las cosas todo el sistema financiero en el que vivimos está elaborado y estructurado de manera tan perfecta que pareciera que no quieren que las grandes mayorías salgamos adelante. ¿En qué sustento o respaldo la teoría de este comentario? En la sencilla explicación, que en la actualidad, prácticamente todos los nuevos activos están llenos de pasivos, pequeño detalle que nunca nadie te dice o te explica, por lo tanto, nunca se toma en cuenta.

Ahora resulta que cada mes por el uso del elevador y de las áreas comunes con que cuenta la torre de departamentos que adquiriste te obligan a pagar una cuota de mantenimiento, la cual es de dos mil quinientos pesos mensuales; por favor, esa cantidad de dinero es la mitad del equivalente al pago del crédito hipotecario; dicho gasto de efectivo que se tiene que estar realizando de manera mensual, como cuota obligatoria. Si creen que esto es grave, esperen un poco porque esto apenas comienza, pues aparte el recibo de luz llega casi al triple de caro del costo que se paga normalmente, desconozco las razones de manera cierta de esta causa pero me imagino que una de ellas se debe a las extensas distancias de cable que se tienen que usar para poder hacer llegar la electricidad a cada uno de todos los pisos de la torre, sin asegurar nada más. Sin embargo, es algo real que pasa y se ve reflejado cada mes en el alto costo del recibo de dicho servicio. En el mismo sentido ocurre con el pago del agua potable y el pago del impuesto predial, pues en estas construcciones este tipo de impuestos es muchísimo más caro que el que se paga en una vivienda normal. Si crees que todo esto que te estoy platicando no es suficiente, no olvidemos las no obligadas, pero, sí voluntariamente a fuerzas propinas que tienes que dar a prácticamente a todo el personal que trabaja en el edificio; todos estos pasivos de tu supuesto activo que lo único que van a conseguir es llevarte a tener la mayor pérdida económica que jamás imaginaste en tu corta vida, pues al paso del tiempo al no poder pagar puntualmente todos estos gastos nuevos no contemplados, bastarán cuatro o cinco años de existencia para que termines tomando la decisión de rematar el departamento a un costo mucho menor de lo que pagaste por él. En primera, para que tengas la posibilidad real de que lo puedas vender y en segunda, para que contemples la opción de poder recuperar algo de dinero después del desenlace no planeado donde literal, pierdes todos tus ahorros y el fruto económico de tu trabajo de cinco o incluso más años de tu vida.

Todos estos casos, en los cuales nunca nadie te explica de forma explícita el cómo, vamos, ni en los consejos o comentarios te dan un camino real, claro y específico para conseguir lo que quieres, son simples pláticas muy generalizadas y hasta cierto punto mal informadas; donde nadie te dice el procedimiento preciso y exacto, nunca te describen paso a paso lo que tienes que hacer para lograr tu objetivo.

Para más claro, te daré otro ejemplo práctico y sencillo para entender mejor lo que te trato de explicar: para todos nosotros es la cosa más sencilla del mundo decir "Mira, para cocinar unos ricos y exquisitos frijoles, solamente ocupas frijol, agua y sal"; todavía muchas personas agregan a su comentario: "ya de tu creatividad le puedes poner elote, tocino o algún otro ingrediente para que te salgan bien y tengan mejor sabor"; incluso habrá consejos que se adentran un poco más a fondo y te tratan de explicar cómo es el procedimiento que tienes que seguir para hacerlos correctamente; claro, esta explicación siempre será a medias, en su mayoría te dicen: "en primera tienes que poner el agua a hervir; momentos antes de que esté hirviendo, le debes de poner sal a tu gusto" (primer gran problema, sal a mi gusto, por favor, quién me asegura que mi paladar es el mismo que tiene la mayoría de la gente, si mi gusto es salado, por lógica los frijoles nunca van a estar bien para los demás por lo menos para las mayorías) y luego continuando como paso final, te dicen debes agregar los frijoles al agua y esperar a que estén cocidos y listo (segundo gran problema, bien cocidos, cómo voy a saber si ya están en su punto, si toda mi vida vi a mi mama estar saque y saque frijoles de la olla para estarlos probando y ver si ya estaban listos, cómo quieren que yo sepa cuándo estén cocidos; pero bueno, continuemos), terminan diciendo: "con estos sencillos pasos ya tendrás unos sabrosos, exquisitos y bien cocidos frijoles en tu mesa"; vaya, de verdad qué fácil se escucha, lo primero que nos hace pensar o por lo menos quieren hacernos que pensemos es que cualquier persona lo podemos hacer.

Ciertamente no hay que quitarles el mérito que de cierta forma te motivan, te impulsan a intentar hacerlo, bueno, por lo menos a intentarlo y al momento de que uno con las ganas, todo motivado y emocionado, te animas y lo intentas hacer, comienzan los problemas, te vas dando cuenta sobre la marcha, al tratar de seguir los pasos sobre el procedimiento de elaboración, que en los consejos que te dieron no te dijeron y no te explicaron muchos detalles que al final resultan muy importantes para el resultado deseado, pareciera que estos instructores, mentores o guías, por medio de sus comentarios sí te quieren ayudar, pero a la vez cuidar que la ayuda no sea tanta como para que lo logres de forma satisfactoria, pues nunca te explican con exactitud o con lujo de detalle el procedimiento exacto que tienes que seguir.

Otra cosa seria por ejemplo que te detallen cuánta porción de sal se le tiene que poner (hablando de la cantidad en miligramos o en su caso gramos), tampoco te comentaron qué cantidad de agua debe de llevar qué porción en peso exacto de frijol debes de poner y de qué tipo y características tiene que ser, porque hay de muchas variedades; jamás comentaron pero ni de broma te dijeron que antes de poner los frijoles en el sartén con el agua, un día antes tienes que poner a remojar los frijoles, ¿para qué?, no sé, pero se tienen que poner a remojar, es parte del proceso y es necesario e indispensable hacerlo para conseguir el resultado esperado, ni qué decir de cuánto tiempo se tienen que tener en la lumbre y a qué nivel debe estar la flama para cocinarlos correctamente, ya por último el detalle más importante de todos, como saber certeramente cuando estén bien cocidos.

Vamos, básicamente se puede decir que no sabías nada; ciertamente te explicaron las bases, los principios generales, se podría suponer que te comentaron lo que todo mundo sabe o por lo menos lo que las mayorías conocemos o nos imaginamos, pero jamás te explican o dirán paso a paso todo el procedimiento que tienes que seguir para lograr con éxito tu objetivo.

Pero bueno, siendo optimista, pensando positivo y sobre todo que tienes todas las ganas del mundo para hacerlo, a pesar de que te das cuenta que desconoces muchos datos y pasos del procedimiento que nunca nadie te ha explicado, de cualquier manera te aventuras por creer que tienes las bases y que con eso será suficiente, y ciertamente tienes las bases, pero como todo en esta vida, si no conoces exactamente los pasos correctos del procedimiento que tienes que seguir, lo más seguro es que de antemano vas a conocer el resultado: un rotundo fracaso en tu resultado final, mas sin embargo, como te digo, tienes muchas ganas, tienes todas las intenciones y lo intentas nuevamente y como era de esperarse al final no obtienes un buen resultado, pero ciertamente la vida se trata de no rendirse, de intentarlo una y otra vez, hasta conseguir el objetivo y lo puedes seguir intentando dos, tres, cinco, diez o incluso más veces, hasta que te vas a dar cuenta que mientras no veas cómo se hacen por tus propios medios o en tanto no tengas un mentor a tu lado supervisándote y que además te explique correcta y detalladamente con lujo de detalle paso a paso cómo se elaboran, puedes estar seguro que todos tus intentos irán destinados al mismo resultado: un rotundo fracaso.

Sin desestimar lo que esta acción, en especial los resultados de la misma afecta en tu persona, porque claro que te baja la guardia, te desmoraliza, resta las ganas por seguir luchando, no olvidemos que el subconsciente es una parte muy poderosa del cerebro y el hecho de no haber conseguido tu objetivo, pues claro que te afecta, te merma las intenciones de continuar intentando o de seguir adelante experimentando en muchas otras cosas, te decepcionas de ti mismo, te surge un nuevo pensamiento negativo, que empezará a rondar constantemente tu mente y tus futuras ideas y sobre todo tus ganas de hacer las cosas, el cual de antemano te digo nunca, pero de verdad jamás, se debe de adoptar como propio: el pensar me rindo, no puedo hacerlo, nunca lo conseguiré, hasta aquí, son pensamientos limitados que debes encasillar como momentáneos o pasajeros que por ninguna razón debes de dejar que hagan espacio en tu mente, por nada del mundo puedes darles entrada en tu manera de pensar.

Es razonable entender que tu interior se siente decepcionado, a partir del momento en que vives y experimentas en carne propia el resultado negativo de este tipo de experiencias, tu vida cambia, te empiezas a poner trabas tú mismo; todo tendrá peros para las siguientes metas u objetivos que te pongas en la vida, te vuelves tu principal oponente a vencer, te conviertes en tu enemigo más fuerte, se comienzan a apagar las ganas que todos tenemos en nuestro interior de querer triunfar, de buscar ser alguien en esta vida, la cual por sí sola es cada vez más difícil.

Tal vez es cierto que no supiste preparar unos sabrosos, exquisitos, aromáticos y bien cocidos frijoles, después de supuestamente saber y conocer todo el proceso de cómo se hacían, pero también es verdad que eres excelentemente bueno haciendo otro tipo de platillos; tal vez carne asada o cualquier otra opción que sepas cocinar con excelente resultado. Por lo tanto, el hecho de no poder cocinar frijoles, no quiere decir que no puedas sacarle buen provecho a una cocina; recuerda que todos tenemos cualidades, virtudes o experiencias diferentes, lo único que se ocupa son las ganas y las oportunidades para demostrarlas.

En esencia, de esto se trata básicamente la vida y nuestro segundo paso del procedimiento, de siempre ser positivo y optimista en cuanto a nuestros resultados, pues al ser optimista y positivo creo es el mejor camino, el más correcto y sobre todo, el más corto para empezar a mejorar tu vida en especial tu economía; se puede decir que tienes el requisito principal para poder empezar a hacer un cambio productivo en tu persona y en tus finanzas, habrás avanzado muchísimo sin darte cuenta con el solo hecho de siempre ver lo bueno de las cosas, porque todo, absolutamente todo tiene dos opciones: la buena y la mala, ya depende de cada uno de nosotros cuál escogemos, lo malo y estarnos quejando todo el día porque de plano no se nos dan las cosas como queremos o por el contrario verle el lado bueno a cada situación, con independencia del panorama, porque les aseguro que siempre hay una opción optimista y positiva para cualquier circunstancia, resultado, destino, momento o reto que nos ponga la vida.

También es muy cierto que vamos a ver o incluso conocer personas que con una media explicación que les dan acerca de cómo se hacen ciertas cosas o procedimientos, pareciera que con eso tienen, les resulta suficiente una sencilla introducción, para el momento en que lo intentan todo les sale perfecto a la primera; vamos, podríamos suponer que estamos juntas varias personas, que nos explican exactamente lo mismo a todos los que estamos presentes y que esta persona con esa sola explicación que nos dieron lo intenta y lo hace excelentemente bien a la primera, y por el contrario nosotros después de varios intentos no lo podemos hacer.

Esta situación es de lo más normal que llegue a suceder, es un claro ejemplo de por qué tienes que ser positivo y optimista, esto hace la diferencia de un cambio para bien en nuestras vidas; lo interesante de esta parte es saber por qué ocurre esto y buscarle la solución y sobre todo, un razonamiento y una explicación lógica, positiva y creíble, que nos ayude y motive a seguir adelante, pues quizás estas situaciones en la vida son las que nos obligan a pensar que no podemos, que nos condicionan a creer que no merecemos una oportunidad, que nuestro trabajo es menor al que hace este tipo de personas y está bien que lo pensemos, somos seres humanos, tenemos derecho a todo, incluso a equivocarnos, pero hazme un favor, mejor dicho hazte un favor a ti mismo: antes de rendirte, te recuerdo que existe más de una respuesta sencilla y muy lógica para cada una de estas situaciones, además de varias posibilidades y sobre todo la opción de que tal vez esta persona que conociste o viste con tus propios ojos que realizo un trabajo perfecto, incluso que nosotros no hemos podido ejecutar.

Cuando vivas algo así no debes dejar pasar por alto el hecho que esta persona pudiera haber estado, ya sea por cuestiones de la vida, a lo mejor gracias a trabajos anteriores o simplemente porque la suerte se puso de su lado, durante mucho tiempo practicando dicha actividad y resulta que el día que nosotros lo conocemos y lo vemos triunfar en la misma encomienda o tarea que nosotros no pudimos hacer, o de cierta manera que no logramos sobresalir como él lo hizo, esto para nada quiere decir que él sí pueda y nosotros no, te recuerdo que tal vez esta persona tenía practicando diez, quince o veinte años sin saberlo el trabajo que en esta ocasión nos iban a poner a realizar y por fin le llegó su momento, su oportunidad y por lógica hizo las cosas bien a la primera, mejor que tú o yo.

Quedándonos con la idea que ese ser humano es mucho mejor que nosotros o, peor tantito, que él a la primera oportunidad que tuvo consiguió lo que le explicaron o pidieron, que esta persona es más capaz o inteligente que nosotros y que por lo tanto tú o yo no lo vamos a lograr; cuando una situación de éstas ocurra en tu vida, lo primero que debes de pensar es ¿qué quiero para mí, lo bueno o lo malo, ser positivo o negativo? Pues claro que positivo, entonces tengo que tener mi respuesta lista, la cual es muy sencilla, fácil y lógica: él ya sabía cómo hacer esta tarea porque estuvo trabajando en algo igual antes y coincidió con esta oportunidad; vamos, únicamente corrió con un poco más de suerte que nosotros en esta ocasión, pero no por eso usted, su servidor o alguien más no lo puede hacer igual o incluso mejor que él, con la debida paciencia y la constante práctica todo se puede lograr y sobre todo, mejorar y superar.

Para ayudarte un poco más con tus ganas de salir adelante, te puedo decir que solamente una persona de cada cien que existimos en este bello y hermoso país tiene la capacidad en todos los sentidos: mental, física, motriz, interna, emocional, etc., para sobresalir de la mayoría de nosotros en igual similitud de condiciones; claro, en todo esto tienen que ver los casos donde no aplica esto, como para las personas que ya tienen recursos físicos, económicos, o por qué no, parientes, amigos o conocidos en ciertos lugares que les hacen más cómodo, fácil y corto su camino; entonces, partiendo de estos principios básicos de cómo veo que funciona el sistema laboral general que predomina en nuestro país, en cuanto al desarrollo de la existencia humana, económicamente hablando, el cual no es muy distinto a los demás problemas cotidianos que todo mundo experimentamos y tenemos a diario, básicamente primero es conocer el camino, realizar el procedimiento completo de cada uno de los pasos que se tienen que seguir, los cuales se los explicaré a detalle y luego solo queda intentarlo una y otra vez hasta conseguir el resultado que se quiere, total, en este caso en específico el resultado al final créanme de verdad vale la pena, lo suficiente para no darse por vencido hasta conseguirlo.

Peor tantito, al saber que en este camino de formación y superación económica las personas que logran o lograron encontrar alguna vía más corta o rápida para conseguir un poco o un mucho más de dinero que la mayoría de los seres humanos, jamás de verdad, créanme que por ningún motivo y con absolutamente nadie van a hacer lo que su servidor estoy haciendo en este momento con ustedes, pues por nada compartirán su secreto o su manera de hacerlo; esto siempre pasará por miedo a que les quiten el negocio, que por compartir la idea se les acabe a ellos su fuente de ingresos o simplemente porque les "coman el mandado", como se dice comúnmente.

Partiendo de esta base e ideología que tiene la mayoría de la gente, es por lo que les pido enardecidamente que, seamos honestos, muy sinceros con nosotros mismos, pensar siempre positivo y realmente ser optimistas, si de verdad queremos obtener buenos resultados con esta lectura. Lo primero es no engañarnos, no tiene caso decir que vamos a hacer esto y aquello si al final no hacemos nada, ninguna de las cosas pensadas. De verdad te tienes que comprometer para cambiar varias cosas entre ellas las malas costumbres seguido de los malos hábitos, para poder empezar a enfocarnos en nuestro objetivo principal: conseguir ganar *Mi primer millón.*

Como les platicaba, para mí, sin saber si estoy en lo correcto o no, este método y teoría la baso únicamente en comportamientos y resultados que a lo largo de mi vida he podido experimentar, vivir y observar en mi persona y en muchos otros casos en compañeros cercanos, ya sean de trabajo, amigos, colegas, conocidos incluso en la mayoría de la gente que me rodea, recabando lo mejor de cada parte, para estructurar esta estrategia que me ayudó y estoy casi seguro que le ayudará a usted también; si lo logré con mi persona, incluso ayudé a otros amigos a conseguir una estabilidad económica mejor, también creo que lo puedo hacer con usted, podemos partir del principio de pensar que la vida es demasiado sencilla, hay que basarla en siempre tratar de ayudar a la mayor cantidad de personas posibles porque, a diferencia de lo que piensan o de la forma de ser de las mayorías, yo tengo la humilde creencia que si las mayorías conseguimos tener una estabilidad económica buena, por consecuencia todos tendremos más oportunidades de hacer más negocios entre nosotros mismos y como resultado de esto conseguiremos un lugar dónde vivir mucho mejor para nuestros futuros legados, nuestros hijos.

Retomando el tema platicado en páginas anteriores acerca de la edad productiva de un ser humano a criterio muy personal estimo que son únicamente treinta años en promedio; claro, como en todo, existen casos, excepciones o situaciones diferentes, pero no hay que olvidarnos que durante todo este libro hablaré de las masas de las mayorías generalizadas; les decía, con independencia del promedio de vida del ser humano o del que tengamos destinado y trazado usted o yo, porque puede pasar que lleguemos a vivir menos de treinta años o incluso que consigamos vivir más de cien, pero eso para mí no tiene nada que ver; como edad productiva me refiero a la cantidad de años en la que considero es la mejor etapa de la mayoría de las personas para poder formar un patrimonio sólido, lograr con éxito una estabilidad económica; también lo digo porque creo que es la mejor edad en la que un ser humano puede aventurarse o jugársela a hacer todo tipo de negocios, en especial los considerados de alto riesgo donde es de conocimiento general y dominio público que un mal cálculo, en una mala decisión o simplemente un negocio que salga mal, pueden llegar a perder todo, económicamente hablando, quedarse sin nada.

Podría decir que en esta etapa de la edad productiva, hablando mental y físicamente, creo yo es el mejor momento para afrontar una situación de este tipo, considerar el hecho de caer hasta el fondo y tener la fuerza suficiente para levantarse y poder seguir adelante, incluso, salir victorioso; creo que la edad productiva de un ser humano es la mejor etapa para poder solucionar una derrota de grandes magnitudes y todavía tener las fuerzas y las ganas suficientes para volver a intentarlo. Contrario a lo que sucedería si este fracaso o pérdida lo tenemos a una edad mayor o incluso a una edad más temprana de la productiva, en estos casos supongo que las consecuencias serían fatales, de resultados catastróficos, se crean y generan al momento una cantidad de traumas y miedos muy marcados, que existirán en nuestro ser rondando nuestra mente por todo lo que nos reste de vida.

En el caso de vivir este tipo de eventos en la edad temprana, nuestra mente es muy débil, vulnerable y manipulable para poder sortear con una derrota de este tipo, y en los casos de edades más avanzadas, ya no contaríamos ni con el tiempo, ni con las ganas, mucho menos las fuerzas para reponernos de una pérdida de esas magnitudes; por lo tanto es un trabajo muy personal de cada uno de nosotros reconocer e identificar plenamente nuestra edad productiva, saber si estamos a tiempo o no para poder iniciar un cambio de fondo y sustancial en nuestras vidas, identificar y saber si es un poco tarde, o por qué no de verdad reconocer si es temprano para ciertos compromisos, cambios y obligaciones.

Para quien esto escribe, la edad productiva de un ser humano en promedio estimo que es la que se comprende entre los veintidós, hasta los cincuenta años de edad, tal vez unos años antes o unos después, esta puede variar un poco pero es mínimo, dependiendo de las características de cada persona, incluso, influyen muchísimo en esto varios factores: como sus culturas, costumbres, educación, hasta la zona donde se viva; en el caso de las mujeres, es a partir de los dieciocho años, esto se debe a que la mujer madura financieramente mucho más rápido que los hombres, ellas se preocupan antes que los varones por tener una estabilidad económica, incluso es más común que empiecen a más temprana edad en muchos casos; también destaca el hecho de que para la mujer es mucho más fácil cumplir con esta serie de pasos y procedimientos que el hombre, por las sencillas razones que las damas son más dedicadas, mucho más administradas y más ahorradoras por naturaleza que el hombre.

¿Por qué hago hincapié entre estas edades? Pues ciertamente hay, existimos muchísimas personas que hemos empezado a trabajar en esta vida desde mucho antes; por ejemplo, mi caso en particular, que comencé a laborar de manera formal, seria y sometido a compromisos, responsabilidades y horarios serios a partir de los trece años, con todo y que a pesar de considerarla yo mismo como una edad temprana para empezar a trabajar y que laboraba una jornada de seis horas diarias, en algunas ocasiones hasta más tiempo, desempeñando el trabajo de ayudante de mesero en un restaurante local, porque mis estudios de secundaria no me daban oportunidad de laborar más horas o más tarde, pues era hasta que salía de la escuela secundaria que podía ir a trabajar, pero bueno, a esa edad ya conseguía mucho dinero, por lo menos eso creía yo en esa época y en aquellos tiempos, esto comparado en reciprocidad con los comentarios y platicas de las mayorías de mis amigos, conocidos y compañeros de escuela.

Mas sin embargo a esa edad no tienes muchos planes, metas, preocupaciones o compromisos, básicamente no tienes ninguno, porque a pesar de que siempre hubo personas a mi lado, como mis padres, entre otras varias, que me trataron de aleccionar en todo momento sobre qué hacer con mi dinero, con el efectivo que ganaba trabajando a esa edad, pero la verdad es que te sientes y te crees el dueño único y absoluto de ese dinero y pues cómo no pensarlo así, si yo lo generaba; por lo tanto, como me lo había ganado, ingenuamente creía que yo podía hacer con él lo que quisiera, digo ingenuamente porque al paso del tiempo únicamente vivimos del recuerdo y del arrepentimiento en varias de nuestras decisiones; años después me atormentaba el pensamiento de si hubiera guardado ese dinero, si les hubiera hecho caso a mis padres en cuanto a sus consejos de ahorrar, si los hubiera invertido en esto o aquello ahora tuviera mucho más, pero no fue así, no le hice caso a nadie, hice lo que en ese momento se me ocurrió, estuvo mal, muy mal, pero bueno no puedes o no podemos vivir lamentándonos de los errores del pasado, pues solamente son eso, recuerdos y malas experiencias y decisiones de antaño y como tales ahí deben de quedar guardadas en un baúl como anécdotas o malos momentos del pasado, que para lo único que tenemos que retomarlos o revivirlos es para no cometer los mismos errores y equivocaciones en el presente y sobre todo en el futuro.

En mi caso en particular, no tenía la obligación de ayudar en ese tiempo con los gastos económicos de la casa, mis padres a pesar de no ser un matrimonio de los conocidos como ricos o económicamente pudientes hablando de los de aquellas épocas, tampoco fuimos una familia que se podría decir que vivía en la total austeridad y además ellos nunca me dijeron que les ayudara, mucho menos que me obligaran a colaborar con los gastos económicos del hogar; también es cierto que yo nunca me ofrecí a ayudarles con dinero, entonces básicamente todo el efectivo que ganaba era para mí, literalmente me lo gastaba en lo que quería, en mis gustos, cosas, caprichos y necesidades, por llamarles de alguna manera.

Porque ciertamente qué necesidades puede tener un niño o joven como gusten llamarle a los trece años de edad. Recuerdo que por aquellos tiempos estaba muy de moda un videojuego llamado Atari 2600, que era una consola de color negro, la cual tenía una franja café en la parte de abajo al frente con unos botones como de fierro, que usaba un tipo de cartuchos de plástico que eran los juegos; ni cómo olvidar la regañada que me dieron mis padres cuando la compré, no recuerdo a ciencia cierta la cantidad de dinero que me costó pero a juzgar por mi memoria, tomando como referencia el regaño que me dieron mis papás en aquel momento, el cual hasta el día de hoy no he podido olvidar, todo por haber comprado dicho videojuego, me imagino que era mucho dinero, pero insisto, a esa edad las regañadas entran por una oreja y salen por la otra, exactamente lo mismo pasa con todos los consejos que te dan sobre como administres, manejes o inviertas tus recursos económicos, pues erróneamente en tu interior inmaduro y egoísta solo piensas que se trata de tu dinero.

Ni cómo abundar más en el tema, igual me gastaba mis ingresos semanales en la compra de tenis, algo de ropa o simplemente en cuanta tontería se me atravesara o antojara solo bastaba que me gustara para terminar comprándolo ¿A qué voy con estos recuerdos y comentarios de mi pasado? Que a pesar de que mis padres todo el tiempo estuvieron sobre mí, diciéndome una y otra vez que ahorrara, que no malgastara el dinero, la verdad es que a esa edad e incluso años más adelante, me queda claro que no es una prioridad para el ser humano, o bueno, por lo menos para mí y para varios conocidos que tenía y tengo, formar un patrimonio, definitivamente no lo fue a esa edad; tiene uno mil ideas y diez mil planes en la mente cada uno de ellos muy distinto a los que tienen los adultos para gastar ese dinero, de verdad que ni de broma piensa uno en invertir o en ahorrar, definitivamente no es una opción a tan corta edad, claro hablando de las mayorías y en lo general porque como todo siempre hay excepciones.

Ni qué decir de los pensamientos y ocurrencias que se tienen entre los dieciséis y los veinte años de edad. La verdad a esa edad la mayoría de los seres humanos somos todo poderosos, pura vanidad y fuerza, creemos que todo lo podemos hacer sin medir las consecuencias de nuestros actos y acciones; todo el dinero que ganamos en el caso de quienes ya trabajábamos a esa edad nos lo gastábamos en puras tonterías, en la mayoría de los casos por tratar de quedar bien con personas que poco conocemos, queriendo apantallar y deslumbrar a los conocidos o a los amigos de toda la vida, incluso para poder presumir a personas que no conocemos mucho menos que nos conozcan, todo eso no importa es mero protocolo la idea es tratar de demostrar a todos los que nos rodean que somos los mejores.

Recuerdo esta etapa, cuando tenía diecisiete o dieciocho años de edad, que me compré un *walkman* (aparato tecnológico de moda en aquellos tiempos, como hoy en la actualidad lo son los celulares), el cual era un reproductor de discos compactos que se puso muy de moda décadas atrás, que me había costado una fortuna en relación con la cantidad de dinero que pagué por el en reciprocidad a mi edad y demás factores, pero bueno, lo había comprado para poder decir que yo era más "chingón" y para poder presumir a todos que yo tenía uno.

Tengo muy presente que nada me lastimaba o preocupaba más en ese momento, que alguien, llámese amigo, conocido, pariente, la persona que fuera, por la razón que gusten, me lo pidiera prestado para verlo y escucharlo aunque fuera sólo una canción o incluso por pequeños momentos, pero en mi tontería de inmadurez, se hacen cosas sin pensar, desconociendo las consecuencias de nuestras acciones, no tenemos la capacidad de medir nuestros gastos en relación con los ingresos, mucho menos considerar nuestras prioridades de acorde a las necesidades y sobre todo ajustadas al estatus de vida que tengamos, aprender a meditar sobre nuestras acciones, saber si es momento correcto para desembolsar cierta cantidad de dinero o no y sobre todo pensar en el efectivo que vamos a gastar en el mantenimiento de esa compra mal planeada, simplemente lo haces con todo el gusto del mundo, para poder presumir a todos los que te rodean, que puedes, que tenía uno, que yo lo podía comprar, que tenía algo de moda que varios no podían tener o por lo menos que la mayoría de mis amigos, conocidos e incluso quienes no me conocían, no tenían.

Lo que todos ellos desconocían o no sabían, lo que todas estas personas que me envidiaban ignoraban, es que yo por presumido, en un tonto capricho de presunción, que implicaba una mala decisión, por consecuencia una mala inversión, las semanas siguientes a la compra del famoso *walkman*, todo mi sueldo me lo gastaba prácticamente en comprar pilas que necesitaba para funcionar el dichoso aparato, gasto realizado solo para poder continuar usando el famoso *walkman*, con la única intención de poder seguir presumiendo entre mis amigos y conocidos, hasta el día que mejor opté por no sacar más el reproductor de discos, porque básicamente las semanas siguientes a la compra del *walkman* solo trabajaba para sostener un tonto capricho de vanidad y presunción que en nada me ayudaba a mi economía; al contrario, me arruinó económicamente casi tres meses de mi vida. ¿Por qué digo me arruinó? En primera, tuve que juntar dinero, ahorrar lo suficiente para comprar el *walkman*; en segunda, estar manteniendo un tonto capricho mediante la compra de constantes pilas que nunca han sido para nada baratas; y en tercera, que me dejó un trauma de por vida, tan grave y frustrante que al día de hoy se los estoy contando como anécdota nada más para que se den una idea del daño que significó en mi persona y en mis finanzas.

Imagínense, les hago mención de todo esto porque estoy seguro que todos tenemos recuerdos del pasado de este tipo, simplemente hablo de compras mal planeadas anticipadas a nuestra situación económica, que han marcado en primera nuestra vida y en segunda nuestra economía en la bella historia de nuestro pasado; recuerdos y anécdotas que tenemos que tener muy presentes para que en el futuro valoremos al momento de tomar decisiones en nuestras compras, pues para muestra en la actualidad, este tipo de influencias y equivocaciones se han convertido como el cáncer, va creciendo a pasos agigantados, cada vez más rápido, infectando las mentes de todo aquel que se pone en su camino, abarcando las grandes mayorías, pues se ha vuelto de lo más normal el que una persona malgaste su sueldo de dos, tres meses o incluso en algunas ocasiones hasta de más tiempo en la compra de un solo aparato tecnológico, en este caso en particular podemos hablar de un celular, que no le proporciona ningún beneficio, económicamente hablando, más que el de ver evaporar su dinero al paso cotidiano de los días, para que en el trascurrir de unos cuantos meses ya tenga que estar juntando más efectivo para poder cambiar dicho aparato por el modelo de celular más nuevo que ya salió o va a salir a la venta, con el tonto pensamiento o argumento de querer estar siempre al último grito de la moda, no querernos dejar de los demás, que no piensen que nos quedamos atrás. Son sólo unos sencillos ejemplos básicos para que nos demos una idea de lo mal organizada que tenemos nuestra cultura y formación economía muchos de nosotros, me atrevo a decir que la gran mayoría.

Conocer, pensar, saber y valorar un poco más sobre el daño que nos causan a lo largo de la vida las malas decisiones a la hora de gastar o malgastar nuestro dinero, es muy importante y entre más pronto te des cuenta de esto, mucho mejor para tu bienestar económico, por más que le doy vueltas no encuentro un pensamiento positivo, algo bueno que me hubiera quedado de aquella compra, de ese famoso *walkman*, nada, absolutamente nada, al contrario, cuando se lo prestaba a alguien estaba todo el rato preocupado porque no le apretara fuerte un botón y me lo fuera a descomponer o porque no se le fuera a caer y se golpeara, etc. (al día de hoy, más de veinte años después pasa exactamente lo mismo pero ahora con los famosos celulares).

Pareciera que la historia se trazó desde sus inicios para manipular nuestras mentes en cuanto a lo económico con la intención de que nunca podamos lograr nuestra libertad financiera.

Actos y momentos mal planeados que lo único que hicieron fue robarme mi tranquilidad, pero bueno, como les he platicado a lo largo de estas líneas, si algo tenemos que cambiar es nuestra manera de pensar, tratar la mayor parte del tiempo ser positivos. Estas historias son sólo ejemplos que cuento como anécdotas para una mejor ilustración y mayor comprensión de lo simple que es y en especial de saber y entender de qué se trata la vida financieramente hablando.

Todas estas historias son sólo pasado, y como tal, ahí deben de quedar, en el recuerdo únicamente y revivirlas en el presente solo como una mala experiencia, que de mí o en su caso de cada quien dependerá las ganas que le ponga para que no se repitan en el futuro.

El mayor problema que como ciudadanos afrontamos, es que no tenemos la cultura y formación para enfrentar de forma correcta este tipo de interrogantes, porque nadie se ha preocupado por educarnos en economía, prepararnos, capacitarnos en cuanto al manejo de nuestros ingresos y administración de nuestros egresos. Creo que aunque suene raro y un poco extraño, desde temprana edad se nos debería de concientizar, de enseñar y educar sobre cómo manejar el dinero y sobre todo cómo administrar nuestras finanzas.

Si fuera necesario, incluso que nos dieran una clase especial en la escuela, que se incluya una materia nueva al respecto, con maestros certificados, capacitados y preparados en el tema, que de verdad sepan, que conozcan, que en serio nos puedan ayudar a guiarnos, darnos las bases y los principios básicos al respecto, pues de verdad que es una tarea muy difícil, tan compleja y complicada que como ya les dije, la mayoría de las personas pasan toda su existencia trabajando y jamás llegan a conseguir en su edad productiva una estabilidad económica, se la pasan toda su vida laborando para sortear y medio sobrevivir el día a día, obteniendo como resultado la única constante de esperar la mañana siguiente para seguir trabajando.

La gran mayoría de seres humanos de este planeta no tiene la mínima oportunidad de poder llegar a conseguir su primer millón en su vida, mucho menos en la que considero como la edad productiva de una persona. De ahí la importancia de recibir educación financiera a temprana edad para poder cambiar esta lamentable historia que nos ha marcado y limitado durante tanto tiempo.

2. Costos reales

Como les comenté al principio del libro, voy a hablar de valores y precios reales, de los costos que se encuentran para ciertos productos o artículos en el mercado incluso en Internet, referirme al valor real que tiene cada objeto al día de hoy. Voy a enfocarme en explicarles la realidad que en carne propia experimenté.

Como lo he manifestado desde el principio, quiero hablar de las mayorías, de las masas, de las personas que ganan alrededor de trece mil pesos mensuales, sea en el trabajo que sea, desde profesionista, oficinista, burócrata, jornalero, comerciante, empleado, etc. Debemos de considerar que el ingreso, ya sea en lo individual, o en el caso de las parejas que tienen un ingreso mayor a los veintidós mil pesos mensuales entre ambos, también pueden estructurar su plan acorde a los pasos y procedimientos que describiré más adelante y ajustándolo a sus necesidades. En este caso hablo de ingresos económicos netos.

Esta consideración se basa en mi experiencia personal; en mi caso particular, es importante señalar que no tenía hijos en ese momento, se puede decir que es un proyecto para ejecutar antes de tener algún hijo, porque ya con un hijo cambia un poco el panorama, se complica aunque no significativamente, pero sí se prolonga el tiempo para completar la encomienda, también es real reconocer que no se hace imposible, tal vez sólo hablamos de un poco más de tiempo que se llevará o necesitara para poder cumplir exitosamente con nuestra meta; puede ser que en vez de hablar de tres años, ya contando con un hijo se nos extiende unos cuantos meses más.

Aclarado este pequeño detalle, continuaremos con la siguiente etapa: saber cada uno el ingreso real total con que contamos. En este caso hablaré de una persona promedio, tratando de ajustar de la mejor manera posible todo lo que aquí platiquemos y expliquemos a la necesidad específica de cada quien. Esta parte constituye un trabajo verdaderamente personal e importante en el que nadie te puede ayudar, lo tienes que hacer tú solo y sobre todo bien hecho y a conciencia, con datos de verdad muy reales.

Tenemos que identificar y anotar bien todos nuestros gastos, llevar un control exageradamente detallado de cada uno de ellos. De todos, absolutamente todos los pagos que hacemos, por pequeños que sean, en el transcurso del día; llevar una pequeña contabilidad de los egresos que hacemos, un control preciso y exacto de todo lo que gastamos de dinero diariamente. Tener tu contabilidad diaria, semanal y mensual; te recomiendo anotar cada movimiento en una libreta de bolsillo; por simple o complejo que parezca esto, no tienes idea lo importante que es anotar cada pago que se haga, controlar todo el dinero que salga de tus arcas, anotar cada centavo que gastes diariamente, para al final de la jornada conocer tu egreso semanal, para después saber calcular tu gasto mensual.

Es el siguiente paso a seguir. Debemos anotar detalladamente todos los pagos que haces en un lapso de veinticuatro horas, durante un periodo de tiempo de treinta días. Parece algo muy fácil, pero créeme, aunque no lo creas tardarás más de quince días incluso en algunos casos mucho más en acostumbrarte a poder llevar un control real y exacto sobre esta tarea, la cual básicamente es saber y conocer nuestros egresos diarios durante un lapso de treinta días.

Pues por fácil que parece, te aseguro que al empezar se te pasarán algunos gastos de anotar. ¿Cómo te puedes dar cuenta de esto? Es muy fácil: cuando comiences el día, toma una cantidad de dinero en específico diariamente durante una semana; por ejemplo, doscientos pesos diarios, y al final de las veinticuatro horas, precisamente momentos antes que te vayas a descansar, revisa tu libreta para que te des cuenta que en más de una ocasión se nos pasa anotar algo, porque sencillamente las cuentas no cuadran.

Sabrás que estás listo el día que las anotaciones de gastos de tu libreta coincidan con el dinero con que saliste para empezar tu jornada diaria. Este insignificante detalle es tan sencillo pero tan efectivo, que el magnate Carlos Slim lo empezó a hacer cuando era sólo un niño; su padre se preocupó por enseñarlo a manejar correctamente sus finanzas desde pequeño, entregándole una libreta de ahorros, para que llevara un control sobre sus ingresos y sus egresos, algo que casi estoy seguro que ni tú mi querido lector, ni tu servidor hemos hecho hasta el día de hoy con nuestros hijos.

Acaso será que el papá del magnate empresario Carlos Slim tenía la certeza de que su hijo sería rico, o simplemente lo enseñó a manejar sus ingresos y egresos para que pudiera ser millonario. En cualquiera de los dos supuestos casos, lo más importante es que alguien, en este caso su padre, creía en él, por esa sencilla razón lo enseñó desde muy pequeño a manejar y administrar sus ingresos para poder tener un mejor futuro financiero. Los resultados son más que obvios al día de hoy el empresario Carlos Slim es uno de los hombres más ricos del país. Creo que sería muy sano y sobre todo bueno empezar a hacer nosotros lo mismo con nuestros hijos, por simple iniciativa; si no los enseñamos como padres a creer en ellos, inculcarles desde temprana edad las bases del ahorro, hacerlos de una u otra forma comprender sobre la importancia de las finanzas en sus vidas y lo esencial que resulta saber administrar desde muy corta edad sus ingresos y en especial sus egresos, básicamente que se empapen de todo lo que tenga que ver con sus dineros.

Si no lo hacemos nosotros como padres, entonces quien lo va a hacer, te recomiendo leas el libro **PADRE RICO, HIJO POBRE,** del autor Mario Quintero, creo que es una excelente opción de lectura, con buenos mensajes y comentarios en relación a este tema tan delicado, pero a la vez tan importante tanto para padres como para hijos. Mucha suerte.

Como te decía es muy importante anotar todos los pagos diarios que se hagan en esta pequeña libreta, desde el peso que te gastes en la compra de un chicle, hasta los cien o ciento cincuenta pesos que se gasten en la comida diaria. Lo esencial en esta tarea es que tenemos que aprender a saber cuántos son nuestros gastos mensuales. Una vez que los tengamos bien identificados, ya que hayamos aprendido a anotar cada uno de nuestros pagos, como cosa de risa nos daremos cuenta que de manera inexplicable nuestros egresos casi todos los meses son mayores que nuestros ingresos. ¿De qué manera sucede esto? No se los podría explicar de forma correcta, sin embargo es algo que ocurre en la vida real y mucho más de lo que te puedas imaginar.

Ya que realicen todas sus anotaciones de gastos, ustedes mismos se darán cuenta de que esto sucede, que es verdad. Como les he comentado en todo momento, les platicaré de mis experiencias vividas en carne propia, haciendo una pequeña reseña de lo que yo ganaba contra lo que gastaba. Empezaré como ejemplo a hablar de los gastos normales del lugar donde vivía, al cual le llamaré hogar, en este caso el mío en particular.

Comenzaré por enumerar los gastos mensuales básicos, como son la renta, el pago de la luz, el del agua, el teléfono y el Internet; en el caso del gas, aunque no era siempre un gasto mensual, ya que me duraba más de un mes el cilindro que compraba, de todas maneras lo consideraré también un gasto mensual, porque es muy sano tener un saldo a favor a la hora de planificar algo y no estar siempre operando con números rojos o negativos.

Su servidor pagaba de renta al mes la cantidad de $2,800.00 (dos mil ochocientos pesos 00/100 moneda nacional); de luz pagaba bimestralmente un promedio de $396.00 (trescientos noventa y seis pesos 00/100 moneda nacional) —lo que equivale aproximadamente a $198.00 (ciento noventa y ocho pesos 00/100 moneda nacional) al mes—; de agua, incluyendo el pago de la luz que gastaba la bomba comunitaria de los departamentos donde rentaba, por estos servicios el pago mensual en promedio era de $170.00 (ciento setenta pesos 00/100 moneda nacional); del servicio de telefonía fija pagaba por el contrato la cantidad de $399.00 (trescientos noventa y nueve pesos 00/100 moneda nacional) al mes; en mi caso, el servicio de Internet lo tenía por medio de una empresa de cable, el cual me proporcionaba más canales para poder ver en la televisión y dicho paquete me incluía el servicio de Internet, por el cual pagaba $620.00 (seiscientos veinte pesos 00/100 moneda nacional) mensuales.

Parece que éstos eran todos los gastos básicos que hacía al mes, correspondientes a los pagos de un departamento promedio de los considerados como pequeños meramente funcionales, el cual se conformaba de dos recámaras con un limitado clóset cada una, sala-comedor, cocina, baño reducido, patio trasero; todo el departamento media aproximadamente 56 (cincuenta y seis) metros cuadrados de superficie, algo normal dentro de los departamentos considerados como de interés social. Sumando todos los gastos descritos en líneas anteriores, me dan un monto total de egresos de $4,579.00 (cuatro mil quinientos setenta y nueve pesos 00/100 moneda nacional).

Seguiré por enlistar los que considero gastos secundarios de una persona viviendo en un hogar, los cuales según mi criterio, no por estar en segundo lugar dejan de ser de los más importantes o incluso pueden considerarse como primordiales, me refiero a los gastos que se generan por el consumo de alimentos, haciendo referencia a las tres comidas que normalmente hace cualquier persona en un día, además de los insumos y aditamentos que se necesitan para el aseo personal al igual que los suministros necesarios para la limpieza de la vivienda, como es el gasto de dinero en jabón de baño, cepillo de dientes, pasta dental, desodorante, papel de baño, escoba, trapeador, jabón de los diferentes tipos para lavar, aditamentos para la cocina, franelas, etc.

Al igual que en el caso anterior, haré un costo promedio de lo que significa al mes este gasto de todas estas cosas, tomando como referencia el consumo de una persona viviendo en un departamento u hogar pequeño; cabe recalcar que para poder realizar con éxito esta cuenta, lo primero que tenemos que hacer o dejar de hacer, según sea el caso de cada quien, es no comprar comida en la calle o encargar comida rápida o de cualquier tipo de servicio de comida preparada, porque esto definitivamente se sale de nuestro presupuesto y por lógica de nuestro proyecto.

La idea es empezar a hacer un buen recorte de gastos. En el caso muy particular de su servidor, trabajaba una jornada normal de ocho horas diarias en una oficina de gobierno, con un horario de nueve de la mañana a dos p.m. Y por la tarde era a partir de las cuatro hasta las siete de la noche, que era la hora de salida.

En mi trabajo, como me imagino, en el de la mayoría de las personas que laboramos por jornadas de horas, por las condiciones y circunstancias de tiempo, distancia, costumbre, comodidad y demás factores, se me había hecho un hábito de lo más común que llegaran diferentes personas hasta el interior de la oficina ofreciendo diferentes productos de alimentos; por recordar solo algunos, les puedo platicar que durante las primeras horas de la mañana llegaban vendedores de diferentes negocios de loncherías de la zona para ver si queríamos encargar algo de comida para desayunar, siendo de lo más normal del mundo tener la costumbre y la rutina de ordenar lo que en ese momento se nos antojaba más, lo cual no era sólo mi caso, la mayoría de los compañeros de la oficina encargaban también algo para desayunar, se podría decir que prácticamente todos, era muy común que gran parte de los compañeros ordenaran de los desayunos conocidos como huaraches, los cuales básicamente consisten en una tortilla de maíz gruesa, con carne asada y encima lechuga, queso, crema y salsa mexicana, el cual tenía un precio en aquellos tiempos de $45.00 (cuarenta y cinco pesos 00/100 moneda nacional), además de encargar como complemento un jugo de naranja, el cual costaba $20.00 (veinte pesos 00/100 moneda nacional); ese gasto era solo por la mañana nada más del desayuno.

Ya por la tarde, minutos después de que dieran las dos p.m., salíamos todos los compañeros de la oficina, dirigiéndome yo a comer a un mercado municipal que estaba muy cerca de mi lugar de trabajo, en el cual vendían comida corrida del día, que consistía en platillos diferentes que preparaban diariamente, muy variados como chiles rellenos, milanesas, pastas, arroz, frijoles, y así cada día de la semana había un platillo distinto. Dicha comida con el agua fresca incluida, por la cual pagaba diariamente la cantidad de $75.00 (setenta y cinco pesos 00/100 moneda nacional), quiero aclarar que tenía que salir a comer en algún lugar cerca de la oficina por el hecho de que si quisiera ir a mi casa a realizar la ingesta de alimentos, me resultaba definitivamente imposible, porque los camiones de ida hacia la casa hacían a esas horas del día más de hora y media de camino, esto solamente considerando ese trayecto, y aparte habría que sumarle el tiempo que hiciera en los autobuses para regresar de nuevo a la oficina, considerando que solamente tenía dos horas de tiempo para salir a comer, es obvio que me resultada muy complicado hacer este recorrido.

Por cuestión de tiempo me era realmente imposible ir a mi casa a preparar algo de comer, el lapso de dos horas de ninguna manera me alcanzaría para ir y regresar, ésta era la principal razón por la cual siempre tenía que buscar fondas o lugares cerca de la oficina para salir a comer, sin dejar pasar por alto lo incosteable que era trasladarme a comer algo a mi casa al considerar el costo de los camiones de traslado de ida y vuelta.

En lo que se refiere a la cena, la mayoría de las veces la realizaba en mi hogar, cenando por lo general un plato con cereal y leche. Tomando como referencia esta rutina de vida que llevaba, para poder hacer un cálculo con base en el gasto diario que tenía, les recuerdo en lo referente a los egresos de mi persona, donde puedo decirles que en la cena de tres días consumía un promedio de un litro de leche y una caja de cereal de fibra de tamaño normal en promedio, por lo que sumando el costo del litro de leche y el de la caja de cereal, dividiendo el gasto entre esos tres días que me rendía más o menos, resulta un promedio de costo aproximado por cena de $25.00 (veinticinco pesos 00/100 moneda nacional). Se podría decir que esto era mi promedio de gasto diario en lo referente al concepto de la cena, hablando un poco sobrado el presupuesto.

Todo este pequeño desglose de gastos es únicamente en lo referente a los pagos de comida diaria de una sola persona promedio que trabaja una jornada normal laborable de ocho horas en un lapso de veinticuatro horas, de lunes a sábado. Habría que sumar a esta cuenta los egresos del día que falta de la semana, el que se supone es de descanso y no se va a trabajar, el famoso domingo y que por lo general su servidor, contrario al hecho de descansar, yo lo utilizo para salir a distraerme a la calle, ya sea a comer a algún restaurante y aprovechar para ir al cine a ver alguna película, como manera de entretenimiento o simple costumbre; esta rutina o hábito de supuesta distracción la cual obviamente me generaba un gasto, considerando las tres comidas de ese día, los traslados de camión o en algunas ocasiones con el pago del uso del sistema Uber, además de las bebidas, la entrada al cine, las palomitas y el refresco me da un promedio total de gasto en el solo día domingo de aproximadamente $450.00 (cuatrocientos cincuenta pesos 00/100 moneda nacional). Ahora sí creo que con esto se completan en general los egresos de alimentos, bebidas y entretenimiento más comunes que tengo a lo largo de un mes.

En cuanto a los gastos diarios y mensuales de un departamento en promedio, en lo referente a los insumos de los artículos del aseo para el hogar y los de higiene personal, realicé un laborioso cálculo a conciencia, para poder sacar un costo promedio de los gastos que se generan en dicha vivienda en el lapso de un mes, por todos estos egresos en conjunto, claro, considerando un uso normal y moderado, me dio un gasto total mensual aproximado de $780.00 (setecientos ochenta pesos 00/100 moneda nacional), en esta cantidad de dinero hago referencia a la parte proporcional del costo de la totalidad de los productos que se consumen en el mes para el aseo, limpieza e higiene en un hogar promedio de los considerados como pequeños, como los insumos necesarios que consume una persona en promedio al mes para su higiene personal, muy limitado en cuanto a su uso y el consumo de estos productos, como lo es el caso; sólo por enumerar unos cuantos de los que incluí a manera de referencia fueron: la escoba, trapeador, escobetilla, cubeta, franelas, papel de baño, jabones de los diferentes tipos para aseo personal, para lavar, para cocina, desodorante, pasta dental, shampoo, etc.

Una vez detallados y especificados todos los gastos de los puntos anteriores que incluyen, como se dijo, los pagos de alimentación, haciendo referencia a un promedio de tres comidas diarias, los egresos por insumos de artículos primordiales e indispensables para la higiene personal de una persona y por último los gastos en artículos necesarios para la limpieza de un hogar pequeño, haciendo la suma de todos estos pagos referenciados en este apartado, los cuales fueron promediados a conciencia en un cálculo mensual, nos dan una suma total de $7,155.00 (siete mil ciento cincuenta y cinco pesos 00/100 moneda nacional). Se podría decir que esta cantidad de dinero es el gasto promedio al mes en lo referente a los conceptos de alimentación, higiene personal y limpieza de un departamento pequeño al considerar que es habitado por una sola persona, esta cuenta se puede decir que la fundamento o que tome como referencia en promedio los gastos realizados y experimentados en mi persona durante un periodo de treinta días.

Continuando con la lista de los egresos generales que se tienen en un mes, seguiré por enumerar los demás pagos, que se generaban en mi persona tal vez en menor escala si quieren, pero al fin de cuentas también son fugas de dinero, no por gusto, sino en la mayoría de las veces por necesidad, como es el hecho de que el departamento que alquilaba, el cual para que estuviera dentro de mis posibilidades económicas se ubicaba en las colonias de las afueras de la ciudad, prácticamente en los límites, por la sencilla razón que entre más lejos se encuentren del centro, de lo que se considera como las manchas urbanas, los precios de las rentas de estos departamentos son mucho menores que las viviendas que se localizan cerca o dentro de la zona conurbada a la ciudad de Guadalajara, Jalisco, tomando como base para referencia esta ciudad donde los precios de renta en las zonas céntricas o por lo menos cerca del centro están alrededor de la cantidad de cinco mil pesos mensuales, por muy baratos, constituyendo ésta la principal razón por la cual el departamento que rentaba tenía que estar localizado en las orillas de la ciudad, lugares donde los costos de los arrendamientos tienen un precio mucho más bajo, en general oscilan entre los dos mil quinientos pesos mensuales, por mitad se podría decir.

Éste era el motivo principal que el departamento que rentaba se encontraba bastante retirado de la oficina donde trabajaba, aproximadamente entre cincuenta minutos y una hora de camino a bordo de camiones, para el caso de poderme trasladar al lugar donde laboraba, tenía que tomar tres rutas diferentes de autobuses para poder llegar a mi lugar de trabajo y de igual manera tenía que tomar otro número igual de rutas de camión para poder regresar al departamento que alquilaba, tomando como referencia el costo que tiene el transporte público en esta ciudad, el cual en esos días rondaba los $9.00 (nueve pesos 00/100 moneda nacional) por ruta de camión.

Dicha suma de dinero que al multiplicar por tres camiones que tomaba de ida hace una suma total de $27.00 (veintisiete pesos 00/100 moneda nacional) les recuerdo esto sólo es de los camiones de ida y por lo tanto otros $27.00 (veintisiete pesos 00/100 moneda nacional) de los otros tres camiones que tomaba de regreso al departamento, lo que hace un gasto total diario de $54.00 (cincuenta y cuatro pesos 00/100 moneda nacional) sólo de transporte, considerando un promedio de 25 días laborables al mes, que son la cantidad de fechas que asisto en promedio a trabajar mensualmente, me da un gran total de $1,350.00 (un mil trescientos cincuenta pesos 00/100 moneda nacional). Esta cantidad de dinero era mi gasto mensual que pagaba por trasladarme únicamente de lunes a sábado de mi casa al trabajo y viceversa; en mi caso no sé por qué, tal vez decidía por razones de cansancio u simplemente porque se me complicaba levantarme temprano, también habría que sumarle a este egreso el costo de los Uber que tomaba en algunas ocasiones para hacer uno que otro mandado o de pronto simplemente para trasladarme a la oficina porque se me hizo tarde y con esto tener la posibilidad de llegar a tiempo a trabajar.

Todos estos traslados mal planeados que me generan un gasto adicional, el cual estimo que debe de andar rondando en promedio unos $250.00 (doscientos cincuenta pesos 00/100 moneda nacional) por semana, lo que hace un gasto aproximado de $1,000.00 (un mil pesos 00/100 moneda nacional) al mes por este servicio, por lo tanto en cuanto a pagos por el uso de transportes públicos y traslados en servicios privados de Uber mensualmente tengo un egreso promedio de $2,350.00 (dos mil trescientos cincuenta pesos 00/100 moneda nacional).

Como les he comentado desde el principio, se trata de ser honestos con nosotros mismos en cuanto a nuestros gastos y en serio llevar un control real y preciso de los egresos, anotando todos los pagos que tenemos durante un mes, de verdad es muy importante este dato, créanme hace una gran diferencia en el resultado final.

Hay otros gastos que tengo, tal vez todavía en menor escala que los anteriores, pero insisto, siguen siendo egresos y pagos, por lo tanto también cuentan, como lo son las ocasiones cuando al andar en la calle y de pronto hacía la compra de algún refresco, algún antojo, una nieve o simplemente detalles pequeños, pero por muy diminutos que éstos sean, siempre van a tener un costo económico, por lo tanto, una repercusión económica, el cual es muy variado ya que va desde los diez hasta los cincuenta pesos, incluso en algunas ocasiones hablamos de más dinero, pero bueno la verdad en esta ocasión no tiene caso ni mencionarlos. ¿Por qué motivo digo que no tiene caso enumerarlos o por qué no les voy a dar importancia? Por la sencilla razón que les expliqué en líneas anteriores, pues si tomamos en cuenta que su servidor ganaba a la semana la cantidad de $3,380.00 (tres mil trescientos ochenta pesos 00/100 moneda nacional), al mes tenía un ingreso neto de $13,520.00 (trece mil quinientos veinte pesos 00/100 moneda nacional), entonces si comparamos mi ingreso neto mensual contra los egresos que les he detallado y mencionado, incluso desglosado en líneas anteriores, los cuales como lo dije no incluyen los gastos menores que son los que hago en la compra de pequeños detalles como refrescos, nieves, etc., todos los demás gastos mencionados en líneas anteriores que sumados nos dan un gran total de $14,084.00 (catorce mil ochenta y cuatro pesos 00/100 moneda nacional).

Por tal razón, de una manera por demás inexplicable, sin tomar esos pequeños gastos en cuenta pues hasta aquí es evidente que son mayores mis egresos que mis ingresos y esto se repite mes con mes, sabrá Dios desde cuándo, porque mis gastos eran los mismos todos los días de la semana y de igual manera mis ingresos eran los mismos cada día; entonces no se necesita ser brujo o mago para darse cuenta que al restar los egresos de mis ingresos, cada treinta días que transcurrían en mi vida era por lo menos $564.00 (quinientos sesenta y cuatro pesos 00/100 moneda nacional) más pobre, cada despertar de mi existencia que iba pasando, con independencia de que trabajara todos los días, ocho horas diarias y no vivía con ningún tipo de lujo, de todas maneras cada nuevo amanecer que iniciaba era más pobre.

Lo más triste, es que todo esto sucedía sin darme cuenta, con la falsa idea de que por estar trabajando todos los días en algún momento de mi existencia estaría mejor o por lo menos lograría estar económicamente bien. Esto es el más grande error que cometemos la mayoría de las personas: gastamos más dinero de lo que ganamos y, más triste aún, sin darnos cuenta.

¿De qué manera explico o justifico ese faltante de dinero en mi persona mensualmente? Me imagino que con los préstamos personales que hacía a cada rato, los cuales se habían vuelto ya parte de mi vida; tal vez con las tandas que hacían los conocidos a las que a veces entraba, o de plano con la tarjeta de crédito que tenía, la cual por cierto siempre vivía al tope. Literalmente todo el tiempo me la pasaba destapando un pozo para poder tapar otro, con el único pequeño inconveniente que cada vez el pozo que destapaba era mucho más grande que el anterior; por lo tanto mi deuda crecía de igual manera, a pasos agigantados; afortunadamente, para mi suerte ese pozo que imaginariamente iba cavando nunca llegó a ser tan grande para enterrarme en él, me di cuenta de mi error muy a tiempo, dándome la vida una oportunidad de iniciar un cambio y con mucha voluntad y muchas ganas de hacer las cosas, de la noche a la mañana cambié completamente mis costumbres, mis hábitos, mis rutinas, mi destino y sobre todo mejoré mi economía y por consecuencia implícita, mi estilo de vida.

Una vez que tenía muy bien identificado mi principal error, el cual estoy casi seguro que la mayoría de los lectores también tienen y sufren el mismo problema que yo, básicamente consiste en que gastamos más dinero de lo que ganamos, y para colmo estoy casi seguro que al momento que ustedes hicieron sus cuentas, les pasó exactamente lo mismo que a mí, en el sentido de que no se explican cómo cada mes sus gastos son mayores que sus ingresos, pero bueno, como dicen los expertos, una vez que tenemos bien identificado el problema, que sabemos de dónde surge el mismo, es necesario empezar con el tratamiento para solucionarlo, el cual si se sigue al pie de la letra, tiene muchas posibilidades de que los resultados sean muy positivos, bastante favorables y pues hablamos de un cambio que dará un nuevo sentido a nuestra existencia, así de grande es el beneficio pero igual de enorme es el sacrificio que se tiene que hacer para lograrlo, estar debidamente conscientes de todo lo que tenemos que hacer y sacrificar para poder lograr ese cambio y no rendirnos fácilmente al primer obstáculo que la vida nos ponga en frente.

Es realmente importante conocer el terreno donde estamos parados, poder identificar a donde queremos llegar, conocer nuestros números reales de ingresos y egresos para de verdad empezar a hacer los ajustes necesarios con la intención de iniciar un proceso de mejoría.

3. El cambio

Una vez que tenía bien identificado mi principal error, el cual como ya lo mencioné era básicamente el problema que tenemos la mayoría de las personas, que consiste en esencia en que gastamos más dinero en un mes del que ganamos en el mismo periodo de tiempo. A partir de ese momento que me di cuenta de la razón de mi equivocación, no pensaba otra cosa, acaparó toda mi atención, básicamente andaba todo el día en piloto automático, no hacía más que estar pensando en cómo solucionar ese problema de forma inmediata; era más que evidente que si seguía así me arruinaría la vida yo solo, que tenía que cambiar todo, absolutamente todo, desde mis costumbres, mis rutinas, mis hábitos que definitivamente lo que estaba haciendo, cómo manejaba mi vida y mi economía, no lo estaba realizando bien, por el contrario, lo hacía muy mal, era necesario y extremadamente urgente iniciar un cambio de fondo y desde raíz.

Esta parte yo creo es de las cosas más difíciles para todos: reconocer nuestro error y crear un compromiso real con nosotros mismos de verdad en serio, con una determinación bien firme para querer cambiar muchas cosas, pues no es tan fácil como parece por muchos motivos, los cuales iré platicando detalladamente cada uno en su momento. Lo que sí es necesario y mientras más pronto mejor, es empezar de verdad, comprometernos con iniciar el cambio, para bien de nuestras vidas y de nuestras futuras finanzas.

Una vez decidido a empezar un cambio en mi vida, mi primera decisión fue segura y determinante: entregué el departamento donde vivía, el que estaba rentando, el cual por una parte reconozco que era bastante cómodo pero relativamente grande para mis necesidades, pues tenía una habitación de más que realmente no necesitaba, en la cual solo guardaba cosas que para variar muy pocas veces utilizaba, necesitaba o buscaba, tal vez objetos que ni siquiera ocupaba, pero bueno, me parecía cómodo tener un espacio un poco más grande de lo necesario.

También era bastante gratificante el hecho de saber que si alguien me visitaba, podría decirle o quizá demostrarle que vivía más o menos bien, que no estaba tan mal, tal vez hasta para ofrecerles un lugar a esa amistad, un espacio para dormir, por si esa persona que me visitaba pudiera o quisiera quedarse esa noche ahí. La verdad, como lo he estado explicando a lo largo del libro, pura cuestión de vanidad que en nada ayuda a mejorar la economía de una persona, por el contrario, pero bueno, como señalé anteriormente, para mi fortuna estaba decidido a empezar un cambio para bien y así lo hice, empecé. Tomaré como referencia ese día que decidí iniciar con mi nuevo proyecto de vida, lo llamaré como el día 0 (cero) para que nos sirva como base de referencia para el conteo de los días que tardé en realizar con éxito mi meta.

En el primer mes después de haber puesto a la venta en una página local de Internet mi comedor, la sala, una base de cama matrimonial, un colchón matrimonial, una mesa de centro de sala y varias cosas pequeñas que tenía como adornos en diferentes partes del departamento. Oh sorpresa, no tienes idea de lo rápido y fácil que fue vender todos estos artículos, consiguiendo la nada despreciable cantidad de $11,300.00 (once mil trescientos pesos 00/100 moneda nacional) cuantía obtenida por la venta de todas estas piezas y artículos mencionados anteriormente, los cuales vendí en diferentes días, pero todas esas ventas las realicé dentro de los quince días posteriores a la publicación que hice de los artículos en una página de Internet.

La verdad fue mucho más fácil y rápido de lo que hubiera imaginado. También es cierto que me habían costado más dinero del que conseguí vendiéndolas, pero me tenía que hacer el ánimo, se trataba de empezar y como sea ya lo había decidido, estaba en marcha, había tomado la decisión de cambiar y esa pérdida de efectivo estaba considerada dentro de los planes de cambio, así que respiré profundo, me mentalicé y seguí adelante.

También había estado buscando en esos días en mis ratos libres, en páginas de Internet y preguntando tanto amigos, como conocidos, hasta extraños; bueno, básicamente cuestionando e investigando por todos lados y con todo mundo si sabían de algún lugar más económico para rentar, encontrando rápidamente un lugar un poco más lejos de donde vivía; literalmente era un cuarto con un baño en la azotea de una casa, la cual tenía una escalera hechiza por un lado (hechiza es algo hecho de manera provisional, de apariencia no muy agradable a la vista), la cual me permitía el ingreso directo a este cuarto con baño; en esencia era un poco más grande que la habitación del departamento que tenía, por lo que conservé el refrigerador, ya que era pequeño, y el horno de microondas, comprando una mini mesa y una estufa eléctrica pequeña para poder preparar algunos alimentos en el interior del cuarto.

No era algo de lo más cómodo, bonito e imaginable, pero bueno, tenía un techo y sobre todo había conseguido un súper ahorro, pues conseguí que el cuarto me lo rentaran en la cantidad de $850.00 (ochocientos cincuenta pesos 00/100 moneda nacional), con la ventaja de que en este precio ya se incluía el gasto de la luz y el gasto del agua al mes, prácticamente la diferencia entre el departamento que rentaba y este nuevo cuarto que alquilé, aparte de la sala, el comedor, la cocina integral y la otra recámara; la diferencia más grande y la cual fue la primera oportunidad real que tenía en mi vida, después de casi cinco años trabajando con números rojos y deudas, en esta ocasión era la primera vez que de la noche a la mañana tenía un saldo a favor, había conseguido tener un ahorro, pues dicho cambio me benefició económicamente con la nada despreciable cantidad de $3,140.00 (tres mil ciento cuarenta pesos 00/100 moneda nacional) al mes, los cuales ahora sí me podía permitir ahorrar mensualmente; esta cantidad de dinero se debió a las diferencias de precios que obtuve en cuanto a los costos del departamento en comparación con el precio del cuarto, aunado al ahorro del gasto mensual del pago de la luz, el egreso por el consumo del gasto del agua, además que en el cuarto ya no contraté el servicio de teléfono fijo, simplemente porque la verdad creía que no era necesario, todo mundo me marcaba a mi número de celular; tampoco contraté el servicio de canales por cable.

Literalmente me sacudí en un solo día todos los gastos innecesarios que venía arrastrando durante tantos años, lo único que sí contraté fue el servicio de Internet, pero por un costo más barato, un paquete de ciento noventa y nueve pesos al mes que cumplía más que bien con mis necesidades y ahora había cambiado los canales de cable por los abiertos que se ven en cualquier tele y ocasionalmente veía películas, pero ahora las observaba en mi celular por medio de Internet mediante el *wi-fi* de mi dispositivo, siendo muy honesto, fueron cambios relativamente sencillos, nada extraordinarios o difíciles de cumplir y sobre todo de adaptarme.

De todo este cambio, la parte más complicada era hacerme a la idea de mi nuevo estilo de vida, era más que obvio que el obstáculo más fuerte a vencer es el hecho de que me daría pena, no sé por qué, pero estoy seguro que me daba vergüenza invitar a alguien a mi nueva vivienda; de forma por demás evidente empecé con excusas y pretextos para ya no reunirnos en mi casa como antes acostumbraba, la verdad me daba mucha pena que vieran dónde y sobre todo cómo vivía; tontamente, mas sin embargo esas ideologías nos siguen marginando a muchos de nosotros a lograr cambios positivos en nuestras vidas, como si todas estas personas por las que nos preocupamos que nos vean bien nos fueran a llevar de comer el día que tengamos que pasar por una mala racha, donde entre uno de los muchos problemas que tenemos que vencer o enfrentar es el hecho que no tengamos comida, les aseguro que de llegar a estar en esas condiciones, ninguno de ellos se aparecerá ni siquiera cerca de nuestra existencia.

Tristemente, la verdad siempre vivimos preocupados por lo que puedan pensar los demás, nos dejamos llevar por temores estúpidos y tontos, pareciera que se trata de que sólo ellos estén bien y dejamos nuestras prioridades en segundo término para darle gusto a toda esa gente, olvidando por completo que para de verdad estar bien primero tenemos que estar nosotros en nuestro interior, preocuparnos más por uno mismo que por lo que puedan pensar o decir los demás en cuanto a nuestra persona o aspecto, básicamente aprender a vivir intensamente por dentro con un control sobre nuestros sentimientos y emociones, para realizar con éxito una existencia modesta con nuestro exterior ajustado y adaptado a todo el entorno.

Repito, te aseguro que ninguna de esas personas te va a llevar un plato de comida cuando de verdad lo necesites. Entendiendo esta parte, estoy seguro que podremos superar más fácil nuestra tarea, una vez aclarado el punto y retomando el tema, también era muy cierto que de la noche a la mañana mi casa se había convertido en un cuarto, donde abundaba la ropa por todos lados, no quedaba espacio para nada, de verdad para absolutamente nada, ni para poner una silla; sinceramente era algo muy triste y deprimente ver mi nuevo estilo de vida; yo creo que ésta es una de las partes más difíciles de superar, donde de verdad se ocupa mucha fuerza de voluntad para poderla vencer, sobre todo dejar de lado el miedo que me daba que se dieran cuenta todos mis conocidos y amigos qué había pasado con mi vida, que lejos de avanzar hacia delante, de superarme cada día, por el contrario iba como los cangrejos, caminando para atrás, pero bueno, les puedo platicar que es algo que con el tiempo y muchas ganas y bastante voluntad te empieza a importar un cacahuate, no todo es tan malo, te vas dando cuenta que no te mueres por eso, que realmente en el fondo del asunto no tiene algo de malo, y lo mejor, que no te pasa ni se te cae nada, al contrario, empiezas a recoger frutos positivos de tus sacrificios, pues qué mejor recompensa quieres que tener dinero a favor por primera vez después de cinco años de arduo trabajo, era la primera ocasión en mi vida que me sobraría dinero al final del mes, por fin tenía un ahorro real.

Al igual que en la decisión del cambio tan drástico que tuve en el abandono del departamento, una renovación en igualdad de condiciones o incluso me atrevería a decir que tal vez un poco más extrema sufrió mi rutina de alimentación, aunque para esta parte la verdad tuve que idear una estrategia; vuelvo a lo mismo, no resultaba nada fácil llegar con mis compañeros de trabajo a decirles: Saben? "Me está cargando la fregada", poder platicarles abiertamente sin temor a nada, mucho menos a represalias o posibles burlas, contarles que no podía con mis gastos, que tenía que hacer varios recortes en mis compras para poder avanzar, que las deudas me estaban ahogando diariamente.

No entiendo por qué nos tenemos que preocupar tanto por lo que piensan o pueden comentar los demás sobre nuestras vidas, pero bueno, en realidad sí sucede y lamentablemente me preocupaba qué pudieran pensar, que lástima que ahora comprendo que son tonterías, verdadera pérdida de tiempo al darle importancia a todo ese tipo de cuestiones sin sentido, mas sin embargo en su momento me quitaban la tranquilidad, ni hablar, pero con todo y esa carga extra del qué dirán o qué pudieran decir, no hay que retirarnos de nuestro objetivo principal: tener la voluntad y fortaleza suficiente para poder cambiar y empezar a hacer algo productivo y sobre todo positivo con nuestras vidas.

Mi preocupación más grande creo era el hecho de cómo me iba a ver con mis demás compañeros de trabajo cuando todos pidieran de desayunar, no creía que fuera una buena respuesta poder decir: "no voy a encargar desayuno porque no tengo dinero para pagar, estoy en un nuevo proyecto de vida el cual me incluye un plan de ahorro muy extremo", lo siento.

La verdad me perturbaba más de lo que pudiera imaginar, qué iban a pensar mis compañeros ante esta idea de comenzar un nuevo proyecto de vida, era muy preocupante por lo menos para mí, qué pasaría si se daban cuenta de mi situación económica (que gran ironía, me preocupaba tanto por algo, que hasta se me olvidó que la mayoría de quienes trabajábamos ahí en esa misma oficina ganábamos casi lo mismo de sueldo; por conclusión, lo más seguro es que ellos vivían la misma situación económica que yo, por lo menos muy parecida, pero con el ego en todo lo alto, nadie dábamos nuestro brazo a torcer y aceptar nuestra realidad; no creía que fuera la mejor opción ser yo quien diera el primer paso al evidenciarme abiertamente ante todos).

Bueno, pensando en todo esto se me ocurrió la brillante idea de ponerme a dieta, hacer públicamente a todos mis compañeros que fui al doctor —por cierto, quien me cobró muy caro por decirme que tenía sobrepeso y que dicha condición médica estaba afectando mi salud y en especial el funcionamiento de mi corazón—; poniendo en riesgo mi vida, en el fondo no todo era mentira, la verdad ciertamente mi corazón estaba dañado, pero no de salud, estaba muy lastimado de ver la forma en que manejaba mis finanzas. Fui muy claro en decirles que la determinación del doctor fue contundente, que si no controlaba rigurosamente mi manera de comer, podría sufrir un infarto.

No sé si me creyeron o no los compañeros de trabajo, lo que sí fue cierto es que me sentía bien con mi mentira, porque me daba la oportunidad de poder llevar comida hecha en casa a la oficina, lo cual la verdad no tiene nada de malo, lo preocupante, lo realmente triste es lo que nos preocupa lo que piensen los demás de nosotros al hacer esto, cuando casi me atrevería a apostar que sufren igual que uno o tal vez hasta más en cuanto a la falta de dinero, pero no sé por qué existe tanto tabú, miedo y misterio en cuanto al qué dirán, la verdad que es un estigma muy grande que debemos aprender a dejarlo atrás, que no nos debe de importar. Bueno, como sea, en esta ocasión ya había contado mi mentira, se había puesto en marcha mi plan, tenía una solución y muy buena, porque aparentemente nadie preguntaba nada más al respecto. Ahora sí seguía lo bueno: hacerlo realidad y llevarlo a la práctica.

Lo primero que hice fue ir a comprar unos contenedores de plástico bonitos y elegantes, los cuales para nada tenían que dejar ver que estaba en un plan de austeridad por demás económico, la única intención de estos recipientes era que nadie supiera que estaba a dieta, muy estricta, de verdad rigurosa pero de no gastar dinero, dando con esto por resuelto toda este tema y aparentemente superando está etapa.

La otra parte que de verdad se me complicó mucho, es que a partir de este nuevo cambio tenía que despertar treinta y cinco minutos más temprano de la hora habitual, porque con el cambio de domicilio, mi nueva vivienda estaba un poco más retirada de mi lugar de trabajo, y aparte, si de verdad quería ahorrar dinero, de antemano sabía que tenía que levantarme antes, que tendría que madrugar también para poder preparar mis comidas para alcanzar a tenerlas listas a la hora que me fuera a la oficina, para de verdad poder economizar en los gastos referentes a mi alimentación y, aunque no fue fácil, con disciplina y muchas ganas lo logré hacer.

Lo más difícil son los primeros días en lo que te acostumbras. Dicen las malas lenguas que se necesitan veintiuno para que una rutina se vuelva un hábito; con el solo paso del tiempo se podría decir que te vas acostumbrando a lo nuevo. Reconozco que había ocasiones en que la flojera pareciera que me quería vencer; cuando esto me pasaba lo primero que hacía era abrir mi cartera y al momento que veía que tenía dinero en su interior, en automático desaparecía ese cansancio; bastaba esto para motivarme de sobra y darme mucha fuerza para seguir adelante con mis planes, poniéndole cada vez más ganas para obtener con cada nuevo día mejores resultados.

Mi alimentación sufrió un cambio muy drástico pero la verdad fue para bien, porque diario comía cosas no muy buenas para mi salud y curiosamente las cosas que no te hacen tanto daño, son mucho más baratas, por lo menos si las preparas en casa. Les mencionaré como ejemplo varias opciones que llevé a la práctica que me funcionaron bastante bien y los costos aproximados de lo que gastaba en cada una de ellas, para que vean la diferencia en precios y se den una idea de la cantidad de dinero que se puede ahorrar con un poco de organización, planeación y disciplina. Que esto les sirva de ayuda para que empiecen lo antes posible a estructurar su nuevo plan de alimentación, al igual que lo hice yo.

Un día normal en cuanto a comida, como ya lo dije, gastaba en promedio ciento cuarenta pesos. Por el contrario, para preparar en casa compraba dos latas de atún grandes, mayonesa, media lechuga y granos de elote, todo esto por la cantidad de cincuenta y nueve pesos y estas porciones de atún me servían para preparar comida bien servida para dos días, lo que se convierte en menos de treinta pesos por el desayuno y la comida de un día normal de trabajo, lo que en números significaba un ahorro diario de $110.00 (ciento diez pesos 00/100 moneda nacional), los cuales multiplicados por los veinticinco días en promedio al mes que asistía a trabajar me daba un ahorro mensual total en dinero de $2,750.00 (dos mil setecientos cincuenta pesos 00/100 moneda nacional), una cantidad nada despreciable, al contrario muy motivante para seguir adelante con mi plan de ahorro y superación.

De igual manera, como les comentaba en líneas anteriores variaba los platillos para los diferentes días de la semana; les aseguro que no es para nada difícil enseñarse a cocinar por lo menos lo básico; con poca práctica, mucha paciencia y algo de tiempo en internet puedes preparar casi cualquier platillo que te propongas como lentejas, arroz, frijoles, quesadillas, huevos, chilaquiles, puré de papa; también puedes mezclar: frijoles con elotes, arroz con frijoles, sándwich y lonches de jamón o incluso hacer combinaciones entre los mismos ingredientes mencionados y muchos platillos más que se pueden elaborar. Todas estas variantes mencionadas están dentro del rango de precios que les comenté, lo que nos permite ahorrar algo de dinero y la verdad no son comidas malas, ni tampoco hacen tanto daño a nuestro organismo como las de la calle; al contrario, la mayoría de estos menús son muy saludables y amigables con nuestro metabolismo.

En lo que se refiere a los gastos cotidianos que se tienen en el hogar, en específico los costos por la compra de insumos para el aseo de la vivienda y los gastos que se generan por las compras de artículos y productos para la higiene personal, podría decir que este apartado no sufrió cambio considerable, aunque ciertamente mi nuevo hogar era un lugar mucho más pequeño que el anterior, curiosamente seguía manteniendo prácticamente los mismos gastos en este rubro, esto tal vez debido al convenio que conseguí al momento de la renta del cuarto, donde acordamos quien esto escribe y la señora que me rentó, que me prestaría su lavadora y su fregadero para lavar mi ropa y mis trastes sucios, con la única condición de que yo comprara mis insumos que usaría, entonces prácticamente este gasto se mantuvo igual, en los mismos $780.00 (setecientos ochenta pesos 00/100 moneda nacional) que venía gastando normalmente desde mi antigua vivienda.

De igual manera que todo lo anterior, también mis domingos sufrieron un considerable recorte, un cambio por demás extremo, pues de la misma manera contundente con la que venía cambiando toda mi forma de vida, también entraron en este proceso de renovación las actividades que realizaba normalmente los domingos, cambiando por completo mi rutina dominguera, la cual consistía en salir cada fin de semana del mes, para literalmente cambiar casi por completo este hábito de rutina de salir cada uno de los domingos que tiene el mes, pues en el mismo sentido que todo lo anterior se redujo a solamente poder disfrutar de un solo domingo en todo el mes, convirtiéndome en un ser humano muy delicado y selectivo en ver qué día saldría, pues la verdad ese añorado descanso se había vuelto un día muy sagrado, especial y sobre todo esperado.

Con este recorte de salidas a los días domingos era más que obvio que habría logrado incluirle un considerable ajuste a mi gasto de dinero mensual en cuanto a este rubro, consiguiendo casi un ochenta por ciento de ahorro en este apartado, que al final termina convertido en efectivo que en este caso no se gastó, el cual anteriormente se generaba cada fin de semana, dejando todo en el pasado, pues a partir de ahora únicamente salía a comer un domingo al mes y por si no fuera suficiente cambié la ida al cine, las palomitas y el refresco, por películas en mi celular, con vasos con agua en la comodidad de mi cuarto.

Son situaciones y condiciones muy extremas y drásticas que ciertamente no son para nada fácil de acostumbrarse a ellas, mas sin embargo no son imposibles de llevar a cabo y si su servidor lo logró hacer, no veo por qué usted no pueda hacer lo mismo o por lo menos algo parecido; todos somos seres humanos con las mismas características dos pies, dos manos, dos ojos, básicamente todos somos casi iguales, además como un sano consejo debemos siempre tener en nuestra mente que el resultado, el fruto de todo este esfuerzo y sacrificio al final valdrá la pena, pues de antemano creo que todos lo conocemos, que mejor premio que comenzar a cosechar los frutos del mismo, ese pequeño momento de gloria no tienes la más mínima idea de lo hermoso que se siente, es la mejor de las recompensas que tiene esta vida para cada uno de los seres humanos que se animan a seguir adelante hasta el final en este difícil pero no imposible camino hacia el éxito.

Con todos estos sacrificios que había incrementado a mi nueva rutina de vida, en esta ocasión, al cambiar las costumbres que tenía sobre mis actividades de los fines de semana, en lo particular a mí me permitía tener un ahorro mensual extra de $1,400.00 (un mil cuatrocientos pesos 00/100 moneda nacional), no sé si se pueda considerar como mucho o poco dinero, pero de lo que si estoy seguro es que quien comienza y no desiste siempre termina obteniendo excelentes resultados.

En lo referente a los gastos de transporte, puedo ser claro en decirles que esta parte fue la más perturbadora y triste que tuve que superar, porque ciertamente al momento de cambiar mi domicilio del departamento que tenía anteriormente por el nuevo cuarto alquilado, había una distancia considerable, refiriéndome a las calles que había de más entre un domicilio y otro, mi nuevo cuarto estaba por lógica más lejos de mi trabajo, que la distancia que había de mi anterior departamento, recorrido el cual la única forma de corregir fue incorporando una ruta más de camión a la lista ya existente de tres transportes públicos que necesitaba tomar antes para poder llegar a mi lugar de trabajo.

En cuanto al regreso, con la intención de seguir manteniendo mi plan de ahorro, evitaba en medida de lo posible tomar el cuarto camión de vuelta a mi nuevo domicilio, lo que significaba caminar aproximadamente quince cuadras diarias para poder llegar a mi cuarto de renta.

Definitivamente en este apartado no había podido conseguir ningún ahorro económico, por el contrario, había aumentado, aunque no considerablemente mis egresos, pero sí se habían incrementado los gastos en este rubro, sufriendo un incremento económico de $225.00 (doscientos veinticinco pesos 00/100 moneda nacional) al mes, esto debido como se los comente gracias a la nueva ruta que tenía que tomar para poder llegar a la oficina.

Haciendo mi primer balance económico real a conciencia, después de tener la firme convicción de querer cambiar mis hábitos y costumbres de vida con la única intención de mejorar mis finanzas, podría decirles que en menos de sesenta días naturales, hablamos de poco más de dos meses, después de que decidí empezar un cambio positivo en mi vida, ya había conseguido un ahorro mensual considerable de dinero, el cual al hacer la suma de todos los ahorros conseguidos en los diferentes rubros y después de restar los gastos que se me habían incrementado por las razones anteriormente expuestas, específicamente en lo referente al gasto del transporte público, había conseguido un saldo positivo a mi favor de $7,065.00 (siete mil sesenta y cinco pesos 00/100 moneda nacional) de forma mensual.

Prácticamente esta determinación había cambiado mi vida, pues después de cinco años de estar trabajando arduamente para solo estar perdiendo dinero cada mes por la manera en que venía administrando, manejando y viviendo mis finanzas, bastó un cambio muy drástico a fondo y a conciencia para lograr un gran resultado, el cual después de los dos primeros meses de haber iniciado había conseguido ahorrar una considerable cantidad de dinero de forma mensual.

En conclusión, en un resultado final de un balance general puedo decir que a los sesenta días de haber decidido cambiar mi vida ya contaba con un ahorro mensual a mi favor de $7,065.00 (siete mil sesenta y cinco pesos 00/100 moneda nacional). Hablando en porcentajes, podríamos decir que había conseguido en sólo dos meses lograr un ahorro de más del cincuenta por ciento de mi sueldo mensual, algo por demás alentador, gratificante y muy motivador para continuar adelante con mi nuevo proyecto de vida.

Sencillos ajustes y algo de planeación en conjunto con mucha determinación, pueden hacer la diferencia entre una calidad de vida decente y una limitada, solo es cuestión de tener muchas ganas y de verdad animarse a hacer las cosas, decidirte a empezar los cambios necesarios en tus rutinas diarias para conseguir una mejoría en tu existencia, te aseguro que con dedicación y voluntad es posible.

4. El ahorro

El principal error que se comete cuando cualquier ser humano sabe que tiene un dinero a favor en su cuenta de ahorros, es gastarlo, es de lo más normal del mundo tomar malas decisiones en cuanto a qué hacer con ese efectivo, empezarle a poner mil nombres a despilfarrarlo en cosas innecesarias o hacer malas inversiones. Lo más importante en este proceso es pensar cien veces las cosas antes de hacer cualquier compra o inversión, pensar muy bien en los pros y en los contras de cada acción o transacción que se vaya a hacer, incluso siempre pedir puntos de vista, consejos y opiniones a diferentes personas, como amigos, conocidos o expertos en el tema que se quiera incursionar, este simple proceso le puede salvar de una gran pérdida económica; por ejemplo, lo primero que a mí me pasaba por la mente cuando empecé a tener un ahorro, era la idea de comprarme un auto, creía y pensaba que era necesario, que de verdad era una prioridad, que lo necesitaba, que me ayudaría mucho y que me facilitaría la vida; bueno, pensaba que mejoraría mi existencia en todos los sentidos, que incluso si lo compraba me ayudaría muchísimo a sentirme mejor ser humano.

No les puedo mentir, a veces el subconsciente me traicionaba, me calentaba como se dice vulgarmente y en más de una ocasión estuve muy cerca de gastarme todos los ahorros en la compra de un carro, pensamiento con el cual estuve batallando un buen tiempo, era de las ideas que a mí en lo personal más me movía o desconcertaba, creía que era algo que realmente necesitaba; se ocupa tener mucha fuerza de voluntad, en toda la extensión de la palabra, para no hacer caso a tus pensamientos internos y poder rechazar o bloquear este tipo de ideas, tener siempre una meta muy clara para no dar entrada a estos malos pensamientos, poder superar cualquier tentación, por importante que creamos que sea, definitivamente no darle valor a ningún pensamiento o idea que nos desvié de nuestra encomienda: evitar a toda costa hacer compras o inversiones tontas, las cuales de antemano sabemos que si las llegaras a hacer, lo único que lograrán es hacerte retroceder, regresar en el tiempo a donde empezamos y con un poco de mala suerte, hasta más atrás.

Supongamos que en ese momento la mala idea me venciera y me hubiera comprado un auto, porque como lo pensaba, supuestamente lo ocupaba; claro que no era una prioridad mucho menos una necesidad, en todo caso sería una comodidad, que es algo muy distinto a lo que es una necesidad (para que quede más claro, comodidad se puede interpretar como un accesorio que te ayuda a realizar de manera más cómoda un trabajo; necesidad lo puedo entender que sin ese artículo en especial no puedes llevar a cabo dicha encomienda).

Para ese tiempo ya tenía más de cinco años sin automóvil y tal vez como nunca había estado a mi alcance, la verdad les puedo asegurar que jamás me había hecho falta; para ser sincero, no me había pasado nada, absolutamente nada por no tener auto, por el contrario, es lógico imaginar que de haber comprado un carro, en absoluto me hubiera ayudado a mis finanzas, por lo menos en esa etapa de mi vida, pues la compra de un vehículo por la pequeña cantidad de dinero que tenía ahorrado en ese momento, hablamos de algún carro de modelo antiguo, un vehículo viejo, que por lógicas razones, considerando los años que tendría de uso y por lo tanto de desgaste, necesitaría diferentes arreglos, algunos de momento, otros a los días, pero lo que sí es seguro es que en algún momento muy pronto los requeriría, ya sean mecánicos, estéticos, de laminado, tal vez pintura, llantas o una infinidad de cosas que se me vienen a la mente, las cuales requiere cualquier auto de modelo antiguo; entonces, en general esa compra en vez de ayudar a facilitar mi vida mejorando mis ingresos, por consecuencia mis ahorros, lejos de eso me la hubiera complicado demasiado en especial mi existencia, pues al tener un carro de modelo viejo incrementaría de nueva cuenta mis egresos en los detalles antes mencionados, aparte del gasto diario de la gasolina y reparaciones menores que nunca faltan en todo carro de modelo antiguo.

Para que mejor me entiendas, pasa algo muy parecido o quizás exactamente lo mismo cuando tienes un teléfono celular con un plan abierto, que por el hecho de tener un paquete de telefonía contratado te agarras usándolo a manos llenas, incluso navegando en Internet y hablándole a todo mundo, tanto que a los quince días ya te terminaste tus datos y los minutos que incluía tu plan, y al final del mes terminas pagando un dineral por el uso excesivo que tuviste con el celular, esto en consecuencia a la comodidad que te genera tener el paquete ilimitado al alcance. Por el contrario, si tu teléfono celular fuera de tarjeta (de cierta forma limitado), estoy seguro que administrarías mucho mejor tu dinero y su uso, porque el gasto se podría decir que es diario y hasta cierto punto medido, por lo tanto tienes un mejor control sobre el acceso y administración de tus datos, megas y llamadas.

Estoy cien por ciento seguro que lo mismo me hubiera pasado con la compra de un carro de modelo viejo, es más que obvio que me saldrían mandados nuevos a todos lados, incrementando con esto el gasto de gasolina del vehículo, aumentando mis pagos de transporte y aparte habría que sumarle los egresos por la compra de accesorios, tales como aceite, reparaciones en general y todo lo que te comenté en líneas pasadas. Básicamente todo esto es lo que lleva implícito la compra de un carro de modelo antiguo; está por demás decirlo, pero me siento obligado a hacerlo.

Hacerte entender la importancia de este tema, obligarte a pensar y meditar que la compra de gustos, caprichos o artículos es completamente secundario. Son cuestiones monetarias que de plano se nos salen del plan y proyecto de vida que tenemos fijado, en especial del presupuesto, eso incluye la errónea vanidad de sentimiento al valorar la posible adquisición de un carro nuevo de agencia o a crédito, literalmente todos estos pensamientos o ideas son imposibles de considerar para este proyecto financiero. El solo hecho de pensar en estar dando cada mes los pagos de las mensualidades de la compra de cualquiera de estos artículos secundarios es verdaderamente des motivante, ni que decir de la compra de un automotor donde se contemplan tiempos promedio de seis años de pagos, que es lo que normalmente duran los planes de financiamiento. Cualquier carro, por económico que pienses, incluso por mínimo que sea el pago de cualquier mala compra, les aseguro que algo así no nos ayudaría en nada para completar nuestra meta. Hay que tener muy presente este dato. Total, una vez logrado nuestro objetivo nos podremos comprar todos esos lujos o gustos incluido el carro que más nos agrade.

En mi caso en particular logré sortear de la mejor manera esta situación, evitando todos estos pensamientos que me invitaban a comprar una u otra cosa, como les he dicho, en especial el carro, pensamientos los cuales curiosamente nunca antes en la vida me habían pasado por la mente. Por cierto, jamás me imaginé que fuera tan difícil evitar comprar cosas o artículos cuando se tiene un poco de dinero ahorrado, poder decir que no, y lejos de decirlo, de verdad no hacerlo, el no comprar nada, absolutamente nada; estos pensamientos de compra sólo me comenzaron a surgir cuando comencé a contar con algo de dinero ahorrado, pero por el contrario, logré darle una vuelta a todos estos pensamientos negativos, convirtiéndolos en positivos, se puede decir que logré pensar y planificar un buen proyecto de inversión a mediano plazo.

Les puedo contar que cuando empecé a tener tantas dudas en cuanto a qué hacer con ese dinero que tenía ahorrado, de inmediato lo primero que se me ocurrió fue gastármelo, para no estar pensando qué comprar o qué hacer con él, gastarlo pero en un proyecto de inversión ya bien definido y planificado, gastarme literalmente todo el dinero que fuera ahorrando, ir comprando cosas que ocuparía en un futuro cercano para mi proyecto final de negocio. Entonces comencé, cada que tenía algo de dinero guardado, inmediatamente adquiria artículos que sabía que iba a necesitar para mi nuevo negocio.

Lógicamente lo que debemos buscar en esta etapa de la vida, o por lo menos de lo único que yo estaba cien por ciento seguro de realizar a esa edad, es que tenía que gastar mi dinero en una inversión o negocio pequeño que me generara algo de ganancias, para poder ganar un poco de efectivo extra y seguir invirtiendo en negocios cada vez más grandes, para tratar de obtener en consecuencia ganancias en mayor cantidad.

A los cuatro meses, tomando como referencia el día cero, ya tenía ahorrada la cantidad de $27,000.00 (veintisiete mil pesos 00/100 moneda nacional). ¿De dónde salió esta suma de dinero? Primero, $13,000.00 (trece mil pesos 00/100 moneda nacional) que fue la cuantía de efectivo que conseguí de la venta de los muebles y artículos de hogar usados que tenía en mi departamento, los cuales como les comente vendí cuando me cambié de vivienda, y los otros $14,000.00 (catorce mil pesos 00/100 moneda nacional) restantes fueron el resultado de mi ahorro conseguido mediante mi esfuerzo en el cambio de la rutina de mi vida, siendo estas dos cantidades la suma de dinero que hace en total los $27,000.00 (veintisiete mil pesos 00/100 moneda nacional) mencionados.

La primer compra que realicé considerada como una buena inversión según mí criterio, fue lo que compré en una página de Internet, buscando en diferentes sitios conseguí seis proyectores usados, unos de la marca Sony, otros Epson, uno más Samsung y otro de fabricación china, la mayoría de estos proyectores con una resolución de tres mil lúmens cada uno, los cuales encontré después de estar buscando y revisando en varias ocasiones en diferentes días de la semana en algunas páginas y sitios locales de Internet, que se dedican a la venta de artículos usados o de segunda mano.

Una vez que los pedí e hice los trámites y gestiones digitales necesarias y los pagué, solo fue cuestión de esperar unos cuantos días para que me llegaran a mi domicilio por paquetería. Cuando los tuve en mi poder los revisé, los probé y calé bien cada uno y luego de asegurarme que funcionaban correctamente los guardé en los mismos estuches y empaques que me habían llegado; no podía hacer más en ese momento, ni darles ningún uso o destino todavía, así que fueron guardados en su caja, la cual fue a parar a una esquina de mi cuarto, pero bueno, con esta compra por lo menos me había quitado las ganas de estar pensando en qué gastarme el dinero que estaba ahorrando; por el contrario, el ya tenerlos en mi poder me motivaba a seguir echándole ganas para tener más dinero ahorrado, con la encomienda de seguir y terminar las compras de las cosas faltantes y ahora si estar en condiciones de montar mi primer negocio.

Es cierto, durante este proceso tuve momentos difíciles en los cuales me ponía a pensar sobre lo que estaba haciendo. Ciertamente en conclusión me daba mucho miedo, pensaba "y si no funciona, si es un rotundo fracaso y si pierdo todo mi dinero"; no sé qué tan constantemente pensaba eso, pero la verdad sí era algo seguido y frecuente y sobre todo me entristecía ese pensamiento, pero bueno, ya había empezado, incluso gastado bastante dinero en la compra de los proyectores, ya era muy tarde para arrepentirme, ahora había que terminar para conocer el resultado final, sólo me motivaba o me daba ánimos pensando "total, ese dinero de todas maneras no iba a ser mío al paso del tiempo", pues lo estaba perdiendo cada mes sin la más mínima oportunidad de que me pudiera generar alguna ganancia y, lo más triste, lo hacía sin darme cuenta.

Por lo menos en esta ocasión era muy diferente, esta vez tenía probabilidades de que ese dinero me generara nuevos ingresos favorables a mis finanzas y me enfocaba en pensar en esas ganancias y en tener más pensamientos de este tipo para no rendirme y seguir adelante cada vez con muchas más ganas, poder continuar con mi plan de ahorro y de total austeridad contra todo, para poner un pequeño negocio y conocer el resultado de todos mis esfuerzos y sacrificios.

Cada mes que transcurría, en cuanto tenía un pequeño ahorro compraba más cosas para mi nueva idea de negocio. No daba oportunidad a los malos pensamientos en cuanto a qué hacer con el dinero ahorrado, así empezó a transcurrir el tiempo, mes con mes, los cuales curiosamente cada vez se me hacían más largos, incluso hasta más pesados, no sé por qué, pero al paso de los días se me hacían más largas las esperas, cada vez veía más lejos cada fin de semana, ni que decir del mes, hasta que por fin a este ritmo y con esta rutina de vida llegué al mes número ocho.

Habían transcurrido ocho largos meses con la misma rutina todas las semanas todos los días; la verdad estaba cansado, muy desgastado, pero hasta cierto punto ya hasta me había acostumbrado. Recuerdo que en momentos de desesperación, los cuales casi siempre eran después de que había tenido un mal día en el trabajo, esas ocasiones llegaba a mi cuarto destrozado, cansado, rendido y con ganas de tirar la toalla, dejar todo esto atrás, pero volteaba mi vista a la esquina del cuarto donde tenía las cajas con todas las cosas que ya había comprado y sólo pensaba "ya gasté un dineral en esos artículos, es demasiado tarde para rendirme o arrepentirme". Trataba de mantenerme positivo, aunque me costaba demasiado trabajo, pero siempre hacia de todo para motivarme, aunque fuera sólo con la única intención de poder seguir adelante para concretar mi plan de negocio y conocer el resultado de mi esfuerzo.

En este mes número ocho, cuando prácticamente ya había conseguido un ahorro económico de poco menos de $70,000.00 (setenta mil pesos 00/100 moneda nacional), fue hasta ese instante que pensé que ya estaba listo, que era el momento preciso de iniciar con la ejecución e instalación de mi primer negocio. Estaba muy cansado de hacer lo mismo todos los días de la semana, durante tantos meses, era necesario empezar porque sentía que me podía rendir en cualquier momento, poniendo en marcha mi idea de negocio y después de varios días de estar dando vueltas en prácticamente todas las manzanas de las cercanías de la colonia donde vivía, descubrí que había cerca una escuela secundaria y a la vez a muy corta distancia de una preparatoria, lugar donde encontré a poco más de una cuadra de distancia de los dos centros de estudio una cochera de una casa, la cual estaba ubicaba a media calle de la cuadra; este estacionamiento para mi gusto era poco grande, aproximadamente hablamos de unos cuatro metros de frente que tenía la cochera, por más o menos unos quince metros de fondo.

En concreto, este lugar a pesar de que pensaba que era un poco grande, me gustaba para poder instalar el negocio que tenía en mente y quería poner; me ayudaba mucho el hecho de que el dueño de la cochera no tenía carro, porque al momento que le pregunté si me rentaba su estacionamiento, esta persona no dudó ni un segundo en contestarme "claro que sí", que sí me la rentaría pero que quería tres mil quinientos pesos de renta al mes, que ése era su último precio, algo que no fue cierto, porque después de platicar con el dueño varios minutos negociando, logré convencerlo de que me la rentara en la cantidad de dos mil quinientos pesos mensuales, pidiéndome un mes de depósito y un mes de renta adelantado para poderme entregar el local, lo normal que te pide cualquier persona que te va a rentar algo, logrando conseguir en la negociación además que me diera un mes de gracia gratis para tener algo de tiempo y aprovechar para hacer algunas modificaciones en el interior del local para poder instalar el negocio que tenía en mente.

En conclusión, los poco menos de $70,000.00 (setenta mil pesos 00/100 moneda nacional) que había ahorrado a lo largo de ocho meses, junto con el dinero de la venta de los muebles del departamento que había dejado, todo ese efectivo lo había invertido en la compra de las siguientes cosas: $27,000.00 (veintisiete mil pesos 00/100 moneda nacional) en la adquisición de seis proyectores de diferentes marcas, pero todos tenían resolución de tres mil lúmens cada uno, esta resolución es necesaria para la idea del negocio que quería hacer; después gasté la cantidad de $18,800.00 (dieciocho mil pesos 00/100 moneda nacional) en la compra de cuatro consolas de videojuegos de las conocidas como X-Box y dos consolas más de videojuegos de las identificadas como WII-U; esta cantidad de efectivo fue el equivalente al costo total de las seis consolas que menciono en líneas anteriores, con cuatro controles inalámbricos incluidos en cada vídeo juego; esta buena negociación la conseguí después de varios días de pláticas y regateos con diferentes personas por medio de Internet, donde las habían puesto a la venta de igual manera que los proyectores en sitios web locales donde se venden artículos usados o de segunda mano.

También puedo contabilizar a esta misma cuenta los $5,000.00 (cinco mil pesos 00/100 moneda nacional) que le entregué al dueño de la cochera que me rentaron, que me serviría como local para montar mi negocio; los cinco mil pesos eran el equivalente al pago del primer mes de renta y un depósito por la misma cantidad del arrendamiento que me pidió la persona por adelantado para poderme alquilar el local.

También gasté la cantidad de $14,500.00 (catorce mil quinientos pesos 00/100 moneda nacional) en las diferentes adecuaciones que le hice al local para acondicionarlo para lo que quería poner, gastando poco menos de ocho mil pesos en hacer seis mamparas de madera para dividir en partes iguales el local, como quien dice en pequeños cubículos; estas mamparas tenían una medida de tres metros de largo por dos y medio de alto. En este precio que menciono ya está incluido todo lo que gasté en madera, mano de obra y pintura de cada mampara, pues las pinté de color oscuro; el eléctrico me cobró mil ochocientos pesos por ponerme varios contactos de luz y apagadores en la pared y varias lámparas en diferentes partes del local; gasté mil seiscientos pesos en la pintada de todo el interior del local y los tres mil cien pesos restantes se me fueron en hacer seis bancas grandes corridas con un cojín sencillo en la parte superior, una vez terminadas puse una banca en cada uno de los cubículos que había hecho en el interior del local.

El resto del dinero, o sea los cuatro mil setecientos pesos que me sobraban, me los gasté en pequeños detalles, como en la persona que me ayudó a instalar y configurar los proyectores y también a conectar las consolas de videojuegos. Esta cantidad de dinero ya incluía los cables, aditamentos, accesorios y demás gastos que se necesitaron y ocuparon, como fue cintas, conexiones, etcétera.

Ya que tenía prácticamente todo para iniciar, hice una distribución y dividí toda la cochera en seis pequeños cubículos simétricos cargados a un solo lado del local, dichos espacios recargados todos a la misma barda, dejando en el otro extremo un pasillo corrido de un metro de ancho por todo el costado a lo largo de la cochera, instalando en cada cubículo —los cuales eran separados por las mamparas— una consola de videojuego, un proyector y una banca; para esto el eléctrico me había instalado previamente unos contactos y unos apagadores por separado para cada espacio. Básicamente mi idea de negocio era muy similar a varios negocios que me ha tocado ver en la actualidad en la calle, donde se rentan video - juegos para jugar por cierto tiempo determinado, para que las personas jueguen en grupos de amigos o solos en pequeñas televisiones.

En mi caso el negocio tenía la gran diferencia o el pequeño plus, que a mí se me había ocurrido ponerles proyectores en vez de televisiones, para que las imágenes de las consolas se vieran proyectadas amplificadas en las bardas que previamente pinté de color blanco y al proyectar la señal de los video – juegos ahí se vería mucho más grande la imagen, condición que convertía a los juegos mucho más atractivos para mi gusto; bueno, también para el de mucha gente, porque así me lo hacían saber: diciéndome que les llamaba mucho la atención poder jugar sus video – juegos favoritos con las pantallas gigantes.

Se podría decir que tenía básicamente todo, estaba listo, ya había montado mi negocio, ya me encontraba preparado para empezar a ganar dinero, a volverme rico. Y se llegó el día, abrí oficialmente mi primer negocio a finales del mes número nueve, tomando como referencia el día cero.

Cuál fue mi gran sorpresa, que en el primer mes, después de estar funcionando por todo un lapso de treinta días el fabuloso negocio que había montado, sólo reportó ingresos en todo ese periodo de tiempo por la triste y decepcionante cantidad de $670.00 (seiscientos setenta pesos 00/100 moneda nacional), era algo muy desalentador, muy cruel, e injusto que uno empieza un negocio con todas las ganas del mundo y de pronto te das cuenta de que no es como uno quisiera.

Tristemente todo el esfuerzo que había realizado a lo largo de nueve meses, con toda la intención de poner un negocio que me ayudara a ganar un poco más de dinero, para salir adelante, lo único que había conseguido con todo mi sacrificio fue una lamentable desilusión, el único incremento ganado con el supuesto negocio era tener más gastos en mi persona, porque con todo el dinero que había ingresado a lo largo del mes, no me ajustaba ni para pagar los tres mil seiscientos pesos que le pagué a la persona que me ayudó trabajando todo el día cuidando el negocio durante todo ese mes; también había tenido de más el gasto de la luz, el cual fue de mil cien pesos y obvio el pago de la renta del local.

Me sentí en esos momentos la peor persona del mundo, el más estúpido de todos los tontos; te sientes de la fregada, no entendía, me dolía en lo más profundo de mi ser haberme sacrificado tanto para poner un negocio, con la intención de ganar un poco más de dinero y lo único que había conseguido en el primer mes, después de ver pasar en cámara lenta treinta largos días de estar viendo abierto y operando, lo único que había conseguido fue incrementar mis egresos $7,200.00 (siete mil doscientos pesos 00/100 moneda nacional) al mes.

Lejos de ganar, había perdido mucho dinero en esta nueva faceta de empresario. La verdad estaba muy desilusionado, muy triste, definitivamente me sentía demasiado arrepentido, al grado de llegar a pensar en cerrar el negocio. Lo único que pensaba y me preocupaba mucho es que no iba a estar perdiendo más de siete mil pesos mensuales por el gusto de supuestamente tener una pequeña empresa. Desafortunadamente nadie te explica, nadie te orienta o te ayuda en este proceso, la gente es muy cruel, pareciera que las personas disfrutan con tu fracaso.

Esta nueva faceta de empresario, este nuevo camino que emprendí no es para nada fácil, pero puedes estar seguro que tampoco es imposible poder conseguir un mejor resultado. Un buen consejo es no rendirte al primer revés que recibas, tienes que estar consciente que como empresario puedes perder un round, pero no por eso pierdes una pelea y aquí lo que cuenta es el resultado final; incluso de doce asaltos, no importa que pierdas once si en el doceavo noqueas con eso es suficiente para que salgas ganador, nunca lo olvides.

Yo erróneamente pensé que ponía el negocio y que a otro día que abría las puertas, básicamente que a partir del primer minuto de inaugurado empezaría a sonar todo el día la caja registradora, ingresando efectivo, que me llegaría el dinero a manos llenas. Pues lamento decirles que no; les informo, les aviso que de verdad para nada es así. Esto funciona muy diferente.

Posterior a mi primer mes de rotundo fracaso como nuevo empresario, me dediqué de lleno a buscar si había alguna falla, encontrar el error de por qué no había funcionado mi idea de negocio. Por lo menos eso creía, que encontrando el problema podía cambiar el resultado final, después de varias investigaciones, preguntas e indagatorias a comerciantes, amigos, conocidos, desconocidos e interminables horas de pensamientos, reflexiones y conclusiones, lo único que predominaba más en todo lo que logré investigar, fue que la publicidad es la base del éxito de cualquier negocio.

Entonces mandé imprimir volantes en hojas blancas en los cuales publicitaba las características de mi negocio, fotos e incluso su ubicación, y para que no quedara duda me fui personalmente a las afueras en las puertas de la entrada de la secundaria y en otras ocasiones en las de la prepa a repartirlos. Esto era más triste cada día, pues el negocio seguía igual de solo; era tan feo ver que los estudiantes ni siquiera me volteaban a ver cuándo les quería entregar el volante de la publicidad, por estar clavados revisando su celular, literalmente caminaban en calidad de zombis, ni siquiera levantaban la cara para ver donde pisaban.

Me sentía muy decepcionado cuando regrese al local y el muchacho que había contratado para que me ayudara a cuidar el negocio me preguntó que cómo me había ido. Le dije "De la fregada, los chavos ni siquiera me voltean a ver, para entregarles los volantes de publicidad, van todos embrutecidos con su celular". Y el joven que era mi trabajador me dijo: "Sí, es que ahorita todos están emocionados con el Facebook".

Esa pequeña plática, esas pocas palabras con mi trabajador, esos pocos minutos de charla fueron la mejor inversión que había hecho, definitivamente cambiaron mi vida, pues inmediatamente recordé cuando en mi perfil de facebook me llegaban anuncios de diferentes artículos que se publicitaban todo el tiempo por medio de esa red social. Pues me bastaron dos días para entender cómo funcionaba el sistema de publicidad de dicha plataforma y le invertí cien pesos, mucho menos dinero de lo que me había costado mandar a imprimir los volantes de publicidad, digitalizando y personalizando mi anuncio en facebook, para que sólo fuera para personas entre los catorce y los treinta años de edad y que sólo vivieran por las cercanías de la colonia donde se localizaba mi negocio. ¡Caramba! Sorpresa me llevé a las horas siguientes de haber pagado cien pesos por publicidad en la página de la red social.

El negocio dio un giro de ciento ochenta grados literalmente estaba lleno, se había abarrotado como por arte de magia, todos los días de la semana, se había vuelto un rotundo éxito; al paso de los días se fue como estabilizando, pues normalmente se llenaba cuando salían los estudiantes del turno matutino, más o menos como de las doce del día hasta las tres o tres y media de la tarde, y ya por la tarde como de las cinco hasta las ocho u ocho y media de la noche. Eran seis horas al día en promedio las que el negocio pasaba prácticamente lleno, considerando que tenía cuatro lugares por cubículo y que tenía seis cubículos en el interior del local y que cada lugar o cada control de consola me generaban un ingreso de diez pesos por hora.

Ese pequeño e insignificante negocio me daba a ganar casi cuarenta mil pesos en bruto al mes.

Me sentía volver loco, creía que había resuelto mi vida, de una manera por demás sencilla, creía que la suerte estaba de mi lado; aunque hay que comprender el principio básico de que no todo el ingreso es ganancia, porque ciertamente el incremento económico fue notable, pero, también lo fue el costo en el recibo de la luz; además ante la alta demanda de gente me vi en la necesidad de contratar a otra persona para que me ayudara en el negocio. Había que estar comprando juegos nuevos casi cada quincena, para que la clientela no se enfadara de lo mismo, además de comprar bocinas para hacer más escándalo y por lo tanto más llamativo el lugar, pero bueno, después de todos los egresos que se tenían que pagar cada mes por el funcionamiento del negocio, incluidos los permisos, impuestos y básicamente todos los gastos, los cuales casi son el cincuenta por ciento del total de las ventas, algo que por cierto es muy lamentable, pero como sea de todas maneras me quedaba un ingreso bastante considerable de más de veinte mil pesos mensuales, los cuales ya eran libres de todos los gastos y pagos que les comenté.

Se podría decir que era mucho más dinero del que ganaba trabajando toda la semana ocho horas diarias, mas sin embargo en ningún momento pensé en abandonar mi actual empleo pues como quiera que sea este era estable y seguro; la verdad me sentía muy verde en esta faceta de empresario, desconocía muchas cosas por ejemplo: cuánto tiempo me podría durar este negocio, simplemente se me hacía muy bonito para que fuera cierto y sobre todo para que durara mucho tiempo.

Como fuera, había logrado incrementar mis ingresos y de forma considerable, sentía que tenía que aprovechar esa oportunidad que me estaba dando la vida y empezar lo antes posible a hacer otro negocio, pensar en otra buena inversión, que fuera mucho más rentable, estable, segura y sólida para poder seguir incrementando mis ingresos de manera constante, pues se podría decir que prácticamente para ese momento ya contaba con un disponible de efectivo entre los dos trabajos de aproximadamente $30,000.00 (treinta mil pesos 00/100 moneda nacional) al mes. Ahora venía la parte más complicada de nueva cuenta: ver qué otro negocio podía implementar.

Como comentario u consejo ilustrativo no necesariamente se tiene que encasillar el lector en poner un negocio igual al que su servidor emprendió. Después de mucho investigar me di cuenta de que hay muchas otras opciones que también están dentro del mismo rango económico de inversión, con similitud en las ganancias. Básicamente se podría decir que el éxito de un negocio no depende tanto del giro del mismo, creo que la rentabilidad de cualquier comercio se basa principalmente en la dedicación, empeño y en las ganas que se le pongan, siempre estar al pendiente de su cuidado y sobre todo vigilar muy de cerca su administración, estar en todo momento innovando y por nada del mundo descuidar la publicidad del mismo; igual con montos similares de inversión se puede montar una nevería o paletería, una crepería, un lugar para la venta de café y baguetes, una pequeña planta purificadora de agua potable, negocios de raspados, al igual que puntos de venta de hamburguesas, carros de *hot-dogs,* una taquería y porque no los mismos negocios de video – juegos con proyectores.

La verdad hay muchísimas opciones y oportunidades de negocios, más bien es cuestión de cada quien buscar la que más se acomode a sus necesidades y sobre todo cuidar mucho el lugar donde lo piensen poner, pues, yo creo que el verdadero secreto del éxito de todo comercio se basa en estas cinco sencillas reglas: primera, la ubicación del lugar donde lo pienses poner, segunda, de nueva cuenta cuidar la ubicación del sitio donde lo contemples instalar, tercera, las ganas que le pongas, cuarta, la publicidad que le inviertas, quinta y última, que tenga estacionamiento, ya de pilón te puedo decir que tienes que considerar una excelente administración y constante supervisión, listo, con estos simples pasos y consejos llevas una gran ventaja sobre la mayoría en el resultado final y una alta probabilidad de obtener sumas y dividendos favorables y no restas y/o perdidas económicas.

5. Algo seguro

El negocio que acababa de emprender, definitivamente para mí era muy bueno, lo mejor que podría haber hecho, pero también soy muy realista, trato de tener siempre bien puestos los pies sobre la tierra; no sé por qué todo el tiempo pensaba que ese negocio se podía terminar en cualquier instante, simplemente de un momento a otro desaparecer, algo me decía que no era un ingreso seguro o duradero, por llamarle de alguna manera, sentía que era un comercio pasajero, simplemente temporal; no sé por qué razón pensaba eso, pero bueno, ese pensamiento me motivaba a buscar otra opción de inversión y aprovechar la oportunidad que me estaba dando la vida de tener el negocio actual, para buscar lo antes posible en que invertir mis ganancias futuras en algo más seguro, que fuera más estable.

Después de darle muchas vueltas y vueltas, pensando en lo más importante: que mi siguiente emprendimiento fuera una inversión sólida, que no tuviera la misma incertidumbre que tenía con mi negocio actual, lo único que se me vino a la mente fue invertir en una casa, creo que ésa era la mejor manera de asegurar mi dinero, que era la forma más segura y estable de tener mi efectivo invertido sin sufrir pérdidas, pues recordaba que en todo lo que tengo de vida jamás había visto que una casa bajara de precio o perdiera su valor, al contrario, mientras más pasa el tiempo, cada vez están más caras, aunado al hecho de que el sueño de cada persona de este mundo es tener su casa propia; mejor aún, hay quienes después de tener la primera cuando logran hacer realidad esta meta, inmediatamente quieren tener una segunda vivienda, por lo tanto es un mercado bastante amplio y activo y como todo lo que se mueve produce, había que aprovechar.

Entonces creí que era momento de emprender un camino diferente pero mucho más seguro y estable, empezar a invertir en bienes raíces, tal vez era soñar muy a lo grande, pero bueno, jamás imaginé que podría ganar más de treinta mil pesos al mes y sin embargo lo estaba haciendo. Entonces pensaba: "si me propongo, creo que lo puedo lograr", empezando en ese mismo momento a investigar, preguntar, informarme lo más que pudiera al respecto, todo lo relacionado con los bienes raíces, los precios, los costos, la compra, la venta, la oferta y la demanda.

Era muy desalentador el panorama que se deslumbraba, pues al momento que comparaba mi ingreso contra lo que costaba una casa, al día de hoy en promedio en las orillas de la ciudad de Guadalajara, Jalisco, estamos hablando de un precio cercano a los $600,000.00 (seiscientos mil pesos 00/100 moneda nacional); o más, de verdad yo creo que siendo honestos, para cualquiera de nosotros en ese momento que conoces los precios de las viviendas se vuelve un sueño totalmente inalcanzable y por lo tanto una meta que nunca podremos realizar, sinceramente algo muy difícil de lograr.

Curiosamente, me emberrinché tanto con el tema, me metí de lleno al grado que me obsesioné con poder comprar una casa; llegué a pedir todo tipo de información para hacerlo por medio de un crédito, incluso llegué a solicitar y tramitar prestamos en más de un banco, también lo hice en cajas populares y demás instituciones crediticias para poderla comprar; hice de todo, quería tener una casa a como diera lugar. Para mi buena suerte, como tenía toda una vida llena de antecedentes de malos récords bancarios y solamente tenía a mi favor un par de meses de buena racha, nadie, ninguna institución de crédito me quiso autorizar un financiamiento para la compra de una vivienda.

Bendito sea Dios, le doy muchas gracias que no me lo autorizaron, pues al día de hoy que conozco un poco más de la vida, en especial de los créditos y sus intereses, puedo afirmar el terrible error que es comprar una casa por medio de cualquier crédito, es la peor decisión e inversión que podemos hacer como seres humanos, todo es un círculo vicioso, perfectamente estructurado entre las instituciones de crédito y las grandes compañías constructoras, pues el banco no te presta si no es para comprar una casa nueva, para supuestamente ellos poder garantizar que la vivienda va a durar los treinta años que dura un crédito hipotecario en promedio, en muchos de los casos se termina destruyendo primero la casa que en vencer el tiempo que dura vigente el crédito en el banco, que ironía.

Treinta años, por favor, toda nuestra edad productiva dedicada a un solo objetivo: pagar un crédito, quiere decir que no la vamos a pasar pagando un préstamo durante media vida para liquidar la deuda de una casa. Lamento informarles que así es, nos esclavizamos la mejor parte de nuestras vidas; en qué momento vamos a tener tiempo para pensar en algo que nos ayude a ganar un poco más de dinero, si prácticamente vamos a pasar todo el día y toda la vida trabajando solo para pagar un crédito bancario, el cual dicho sea de paso, terminas pagando tres o más veces el dinero inicial que te prestan, al sumar los intereses, comisiones y pagos de todo el tiempo que dura el crédito.

Si pagar la casa en su costo real es algo verdaderamente complicado, qué te hace pensar que en treinta años será más fácil liquidar tres veces más esa cantidad. No olvides que tus gastos se van incrementando al paso del tiempo cada vez más, pues cada día hay más cosas en qué gastar, o mejor dicho malgastar el dinero; por ejemplo, antes no había celulares, ahora ya hay, ya existen, por lo tanto es un gasto que nunca contemplaste cuando fuiste a solicitar el crédito; antes no había la cultura de ir al cine, de salir a comer a restaurantes baratos o costosos como ahora existe, incluso es algo común y hasta de moda hacerlo con el triste argumento que tengo que ir a cierto lugar para que no me cuenten.

Así puedo seguir enumerando una lista interminable de cosas y lugares los cuales pareciera que fueron creados con esa única intención de nunca permitirnos ahorrar ni un peso, mucho menos poder estar pagando un crédito hipotecario por treinta años; además, es muy obvio que ese crédito a tantos años terminará con tu tranquilidad y, si todavía le sumas de pilón que al momento de comprar una casa nueva, pasa exactamente lo mismo que cuando compras un carro nuevo de agencia, en ambos casos pagamos un sobreprecio de las cosas por la sencilla razón de que son productos nuevos y a crédito; esto es tan fácil de comprobar en los complejos de construcción de las grandes constructoras, cuando vas a ver la casa nueva y preguntas el precio, lo primero que te preguntan las personas encargadas de vender las viviendas es de qué tipo es tu crédito; ya que les contestas, te dicen tiene un costo de $680,000.00 (seiscientos ochenta mil pesos 00/100 moneda nacional) y aclaro, estoy hablando de una vivienda considerada normal de aproximadamente sesenta metros cuadrados o tal vez menos, con dos recámaras, pero te agregan la tan gastada frase: "aceptamos todo tipo de crédito,

Infonavit, FOVISSSTE, bancario, hipotecario, etc., y al retirarte de la casa, cuatro o cinco puertas a un lado en el mismo desarrollo inmobiliario está un letrero en la fachada de una de las viviendas nuevas, se podría decir entre comillas "una casa usada" porque la vendieron hace dos o tres meses a un particular y hablas al número de teléfono que está ahí anotado para preguntar su precio y te dicen que vale $530,000.00 (quinientos treinta mil pesos 00/100 moneda nacional), pero al final la persona que te contestó te agrega el comentario: "pero el precio que le estoy dando es de contado, solo efectivo, no acepto créditos".

Les digo que es exactamente igual lo que pasa con los carros; por un auto de agencia pagas cuatrocientos mil pesos por el gusto de estrenarlo y poder decir que lo sacaste de la agencia, y si ese mismo vehículo otro día lo quieres vender, éste ya vale trescientos mil pesos, o sea cien mil pesos menos de lo que pagaste por él, por la sencilla razón de supuestamente ser usado aunque tenga solamente unos días o un rato de uso. Este mismo fenómeno pasa en el mercado de las viviendas.

Como les decía, bendito sea Dios que no me dieron el crédito que solicité para la compra de la casa, pero para esto ya había malgastado tres meses de mi valioso tiempo entre trámites y más trámites en diferentes bancos e instituciones, tratando de conseguir un préstamo para comprar una casa, por lo tanto ya tenía también casi cien mil pesos ahorrados, los cuales eran fruto de las ganancias de esos tres meses que habían transcurrido; para entonces estamos hablando del mes número catorce, contando desde el día cero como referencia.

En un día normal cuando iba de regreso al cuarto donde vivía, unas cuadras antes de llegar a mi domicilio, en una calle cercana había un terreno baldío con un letrero que decía "SE VENDE"; me llamó la atención y anoté el número de teléfono y seguí con mi camino. Ya en la tranquilidad de la noche me puse a pensar: "qué tan difícil puede ser construir una casa", y estuve pensando despierto prácticamente toda la noche y al día siguiente por la mañana marqué al número de teléfono que había anotado; me contestó un señor que me dijo que era profesor, me dio los pormenores del terreno, me dijo que medía seis metros de frente por quince de fondo, que tenía todos sus documentos en regla y al corriente los pagos de impuestos y al final me comentó que quería la cantidad de noventa mil pesos por él, que ése era el último precio, y en ese momento recordé el antecedente del señor que me rentó el local y en ese mismo rato por teléfono le comente que me interesaba, que dónde nos podíamos ver.

Una vez en persona empezamos a platicar y le dije que quería el terreno, que me gustaba, pero que había un pequeño problema, le comenté que sólo tenía setenta y cinco mil pesos, también en ese mismo instante el señor me respondió que no, que muchas gracias, tras lo cual nos retiramos del lugar cada quien para su respectiva vivienda. La verdad me faltó un poco de valor para cerrar el trato, incluso cuando me dijo que no aceptaba mi oferta, sentí como un alivio en mi interior de que no quisiera.

Y así pasaron cinco días; al sexto me marcó por teléfono el dueño del terreno y me dijo que aceptaba mi oferta que sí me lo vendía en los setenta y cinco mil pesos que le había ofrecido, y ahora sí que pensé: "cuando te toca, te toca". Creí que no me quedaba de otra más que hacer la compra del terreno y empezar una nueva etapa, para entonces se puede decir que decir que hablamos del mes número quince, convirtiéndose en ese momento mi principal tarea el investigar todo lo que pudiera saber y aprender sobre la construcción de una casa.

Aunque suene difícil de creer, soy una persona tan dedicada, que invertía todos mis ratos libres y días de descanso enteros con albañiles platicando con unos y otros, para después de escucharlos y analizar cada uno de los comentarios yo solo hacer mis propias conclusiones de cómo se construye una casa y sobre todo conocer los costos, procesos, pagos, permisos y todo lo que pudiera aprender al respecto de los tramites y procedimientos necesarios para poderlo llevar a la práctica de forma correcta y poder hacer realidad uno de mis sueños más grandes: tener una casa propia.

6. Paso a paso

Es muy importante enfatizar la importancia del contenido de este capítulo, pues tenemos que aprender a monetizar nuestros conocimientos, prepararnos y documentarnos en cuanto a la captación de experiencias nuevas, porque al final del día las personas que logran triunfar en la vida son todas aquellas que más conocimientos y experiencia logran acumular a lo largo de los años, además todo aprendizaje que podamos sumar al paso del tiempo es bastante bueno plusvaliza tu existencia y en el momento menos pensado esa preparación puede marcar la diferencia entre una mejoría o seguir como estas.

Empecemos, Después de creer saber todo lo necesario e indispensable, me aventuré a iniciar la construcción de una casa, en un terreno de seis metros de frente por quince de fondo. Como lo he comentado en todo momento, voy a tratar de ser muy claro: lo primero que intenté fue ir con un arquitecto para que me hiciera un proyecto, un plano y me ayudara en el proceso de la construcción de la casa, pero después de la tercera entrevista con diferentes personas, donde los tres entrevistados,

dos arquitectos y un ingeniero, coincidían en el precio que me cobrarían por ayudarme a construir la casa y sobre todo ambos coincidían en decirme que el costo solamente por hacerme el proyecto y los planos, los cuales incluían los pagos de los permisos y licencias de construcción, ambos dijeron que me cobrarían en promedio $25,000.00 (veinticinco mil pesos 00/100 moneda nacional) únicamente por ese trámite.

Con todo respeto y mucho perdón, pero la verdad sentía que era un robo; ciertamente a lo mejor para eso estudiaron y por eso cobran esa cantidad de dinero, pero en esos momentos de mi vida mi situación financiera me prohibía por completo gastar esa cuantía de efectivo por la elaboración de un proyecto, los cuales para mi suerte abundan en Internet de todo tipo y tamaños y sobre todo gratis. En lo que sí tuve mucha precaución fue en contratar un buen albañil. ¿En qué basaba el término de bueno? En que por lo menos tuviera unos diez años de experiencia, que me llevara a ver las construcciones que había hecho y sobre todo cerciorarme por mis propios medios que fuera cierto lo que me decía, entrevistándome con los dueños de las fincas que me comentaba que él las había realizado.

La verdad en el fondo pensaba que cualquier albañil con esos años de experiencia era capaz de ayudarme a hacer una, pues realmente era una casa pequeña de dos recámaras, un baño, sala – comedor, cocina y un pequeño patio trasero. En mi ciudad el sueldo negociable de un albañil ronda entre los dos mil doscientos y dos mil seiscientos pesos a la semana; difícilmente y en casos muy excepcionales puede ganar más de esa cantidad a la semana un albañil por una jornada normal de ocho horas diarias. Un ayudante de albañil o peón, como se les conoce comúnmente, gana entre los mil trescientos y mil quinientos pesos a la semana; en igualdad de condiciones difícilmente ganan más de esa cuantía de efectivo por la misma jornada semanal de ocho horas, pero en este caso en particular, como yo tenía que trabajar y básicamente en todo el día no estaba con ellos, opté por la opción de contratarlos y pagarles por destajo; esta modalidad consiste en pagarles cierta cantidad de dinero en específico por el trabajo que hagan, básicamente se puede decir que ganan según lo que hagan.

En cuanto a las licencias y los permisos de construcción, que se deben de tramitar en las oficinas de Desarrollo Urbano del H. Ayuntamiento local, también quiero ser muy claro y decirles con toda honestidad que por lo menos de la primera casa que construí nunca pagué ningún permiso de construcción o licencia; la verdad pensaba que si por los rumbos donde vivía y son los mismos donde se localiza el terreno donde iniciaría la construcción, no pasaba la policía en todo el día, mucho menos iban a ir los inspectores del Ayuntamiento a revisar, no con esto estoy queriendo decir que ustedes también deben de evitar este paso, no es lo correcto; en mi caso lo hice desconociendo las consecuencias, después aprendí que una vez que tenía las construcciones ya muy avanzadas podía ir a pagar una manifestación de construcciones, por la situación que prevén los reglamentos internos y las condiciones de la casa, la cual no excedía de sesenta metros cuadrados de construcción y todo tramite me salía en menos de novecientos pesos, aclarando que esta cantidad puede variar dependiendo de muchos factores y condiciones según lineamientos de cada H. Ayuntamiento, bueno en mi caso había pagado por lo tanto estaba listo. Con esa manifestación de construcción ya estaban en regla mis asuntos en cuanto a los permisos y pagos municipales de construcción se refiere.

Empezaba a correr el mes número dieciséis, cuando inicié oficialmente la construcción de mi primera casa. Empecé una nueva faceta como empresario constructor, cuando no tenía ni la más mínima idea ni experiencia en eso; jamás me pasó por la mente que algo así pasaría en mi vida, pero bueno, no hay mejor motor o impulso que la necesidad para animarnos a hacer cosas que jamás pensamos que podríamos hacer.

Este nuevo sueño consistía en una casa de cincuenta y seis metros cuadrados de construcción, en un terreno de seis metros de frente por quince de fondo, con cochera para dos autos al frente de la vivienda y toda la construcción en la parte trasera del terreno. Del lado izquierdo de la casa, al frente, una recámara, luego un baño completo y al final otra habitación, en un espacio todo esto de tres metros de ancho por nueve metros con ochenta centímetros de fondo. Del lado derecho, en los tres metros de frente restantes todo un espacio corrido únicamente con el muro del frente y la pared del final para separar la cocina del patio trasero, sin ningún muro divisorio en medio; este claro el cual se conformaba de la siguiente manera al frente podría decirse en la entrada se localiza la sala, seguida del comedor y al final la cocina y, como les mencionaba, al final después del muro, el patio trasero de servicio, todo esto en un espacio de nueve metros, agregaré una foto del plano que use, que a mi ver es de las distribuciones más comunes y funcionales para este tipo de viviendas en terrenos con medidas de seis metros de frente por quince de fondo, la presente imagen es solo con la intención de una mejor ilustración (pág. 112).

Para esta encomienda contraté a dos albañiles con experiencia y dos ayudantes. Para iniciar la construcción de la casa, una vez que se tiene contratados a los oficiales de albañileria, ahora les explicaré paso a paso como inicié el proceso de edificación de la vivienda, explicando los tiempos y costos aproximados, aunque estos números pueden variar dependiendo de varios factores, como lo son: la tienda donde surta los materiales, la zona donde se encuentre la casa, de verdad influyen

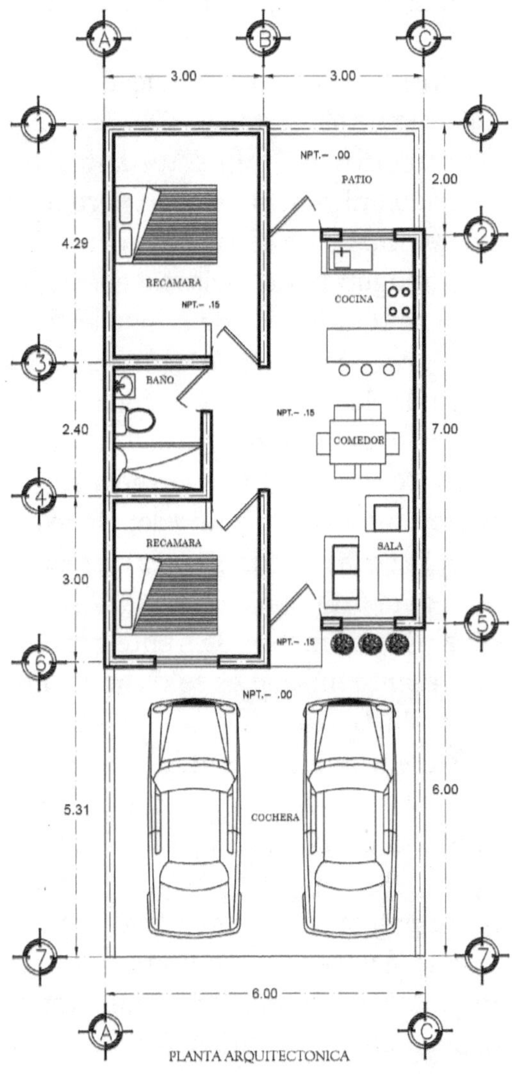

PLANTA ARQUITECTONICA

muchísimos factores, pero el fondo del asunto al final es casi el mismo, porque esa fluctuación de precios en materiales y honorarios de trabajadores no afecta al final, porque si tuviste un incremento del diez o quince por ciento que es lo máximo que pueden variar los precios por estas causas o condiciones, ese mismo aumento se lo vas a poner o trasladar al costo final de la casa. Entonces, con estas bases ahora sí les explicaré de la mejor manera posible para que le quede muy claro el procedimiento, para el caso que lo quiera intentar, lo pueda hacer sin ningún problema.

El primer paso, lo primero que hicimos fue la limpieza del terreno, la cual los mismos albañiles la hacen, dependiendo de cómo esté el predio; en mi caso en particular sólo había vegetación y pequeños arbustos de maleza, los que fue relativamente fácil de quitar casi en el mismo día con la ayuda de machetes lo hicieron. Una vez que teníamos listo y limpio el terreno, empezó la primera negociación con los albañiles, la cual consistió en pactar el acuerdo de inicio y por lo tanto el primer precio. Una vez que llegamos a un convenio de trabajo, acordé pagarles una cantidad de dinero que incluiría la realización y ejecución de todos estos trabajos, que detallaré a continuación.

Trazo de la casa

Se le llama así a la medición, diseño y trazo que hacen en el terreno marcando la superficie del mismo con cal, señalando los espacios que van a ir en el interior de la casa, básicamente hablamos de todas las divisiones, las cuales se marcan con cal, separaciones que son las mismas donde van a ir los muros divisorios de cada una de las partes que formaran la casa. En la realización de este trazo se tardan aproximadamente medio día cuando mucho.

Excavación del terreno

Una vez que se tienen trazadas o marcadas las divisiones de la casa con cal, se tiene que excavar aproximadamente un metro de profundidad está medida es en promedio, puede ser poco menos o más, pero para una casa de un piso, con un metro de excavación es más que suficiente; no tiene caso excavar de más. ¿Qué vas a tomar como referencia para poder saber cuánto tienes que escarbar o hasta dónde es el metro de profundidad? En esencia se tiene que saber que tomaremos como nivel inicial, un buen comienzo puede ser la banqueta de la calle, cualquier albañil sabe trasladar ese nivel al interior de la vivienda, con un sistema muy rústico pero a la vez tradicional y eficiente, el cual hacen por medio de una manguera transparente con agua en su interior, poniendo un extremo de la manguera en dirección de la banqueta y la otra orilla en el interior del terreno, lo más al fondo que se pueda para marcar el mismo nivel de la calle en el interior del predio y de ahí poner una marca en algún lugar para saber exactamente hasta dónde marcar para no exceder del metro de profundidad, tomando como punto de partida la banqueta para la parte alta y de ahí para abajo un metro. La excavación debe ser uniforme, lineal y cuadrada, con un terminado o perfilado de cuarenta centímetros de ancho por un metro de profundidad. Una vez que se tiene la excavación terminada, se continúa con la elaboración de la hechura de la cimentación.

Cimentación

En el interior de las zanjas que se escarben se tienen que ir acomodando piedras especiales para cimientos, de tal forma que queden lo más unidas unas con otras por capas o por etapas; se tira una primera capa de piedras acomodadas y posteriormente se rellena la parte superior de la zanja con mezcla; luego se pone otra etapa de piedras y se repite el procedimiento con otra capa de mezcla.

Este procedimiento se repite una y otra vez hasta que toda la cimentación llega a nivel de tierra del terreno, que es más o menos la misma altura de la banqueta de la calle. En este proceso de cimentación es muy importante respetar todas las esquinas que se hagan en la excavación, al igual que se deben de respetar los lugares que no sean esquina pero sean tramos donde se junten dos bardas una con otra, dejando en estas partes espacios cuadrados de cuarenta por cuarenta centímetros huecos sin poner piedras, pues en estos lugares están reservados para poner parados unos castillos de fierro, en promedio hablamos de veintidós, o sea veintidós espacios huecos de cuarenta por cuarenta centímetros que debe de haber repartidos en toda la cimentación de la casa.

Por último, la cimentación después del nivel de piso del terreno se tiene que seguir hacia arriba que sobre pase la altura de la banqueta de la calle, pero ahora acomodando las piedras para darle una forma cuadricular y un terminado parejo, cuadrado y plano a la parte de arriba de la cimentación, la cual tiene que quedar quince o veinte centímetros por arriba del nivel de la banqueta. Una vez terminado, el siguiente paso es enterrar, parar o anclar los castillos en los huecos que se dejaron en la cimentación de la casa, insisto básicamente cualquier albañil conoce a detalles estos pasos, les recuerdo que no soy ingeniero o arquitecto, por lo tanto, mi explicación, palabras, términos y descripción es práctica a mi entender y de acorde a lo vivido, con un lenguaje a criterio propio de fácil entendimiento.

Anclaje de castillos

El anclaje de castillos consiste en poner castillos parados en cada hueco que quedó repartido en la cimentación. ¿Qué es un castillo? Son cuatro varillas acomodadas en forma rectangular, de medida de preferencia de tres octavos, las cuales están sujetas por alambrón soldado que los abraza a distancias simétricas y a estos se les llama estribos;

los castillos más recomendables para una casa de este tipo son los que vienen prefabricados, de los conocidos como castillos tipo ármex de tres octavos rectangular y si es reforzado mejor.

Una vez parados estos castillos, se alinean con todos los demás para que las bardas queden derechas y uniformes; se ahogan estos castillos anclados con mezcla de cemento para quedar fijos en los huecos de la cimentación. Una vez que están ahogados o colados todos los castillos, uno en cada espacio vacío, se podría decir que está terminada la primera etapa de la cimentación de la casa, con el cimiento quince o veinte centímetros arriba del nivel de la banqueta y en cada esquina o unión de bardas un castillo ármex parado y debidamente ahogado en mezcla de cemento. Terminada esta parte, posteriormente se empieza a armar una estructura de castillos ármex sobre el cimiento en línea, amarrándolos unos con otros con alambre recocido, para el paso siguiente.

Colado de dalas

Este proceso consiste en hacer un rectángulo con tablas de madera de quince centímetros de ancho por veinte de alto, el cual se hace en la parte superior del cimiento ya terminado, dicho rectángulo de tablas de madera que en su interior, como ya lo dije, tiene una estructura de castillos ármex unidos unos con otros y asegurados con alambre recocido debidamente amarrados.

Una vez que se tiene todo esto completo, se comienza a rellenar los cajones de madera con los castillos ármex adentro con mezcla de cemento. Una vez que se seca este rectángulo de mezcla, al que se le conoce con el nombre de dala de desplante, que básicamente es la parte donde se empezarán a poner los ladrillos pegados con cemento para iniciar las bardas de la casa.

Hasta esta etapa de la vivienda di como oficialmente por terminada la primera parte del convenio o compromiso laboral con los albañiles. Les insisto y recuerdo que no soy arquitecto ni ingeniero, por si no llamo correctamente a cada cosa o parte de la construcción de la casa por su nombre técnico, pero trato de ser lo más claro y especifico posible de cómo lo entendí y en especial de qué forma me funcionó a mí, para tratar de trasmitirlo de la manera más sencilla a usted.

La primera negociación con los albañiles fue que ellos harían la limpieza del terreno, trazarían o marcarían la casa con cal sobre el lote para que pudieran empezar las excavaciones del cimiento. Una vez marcada la vivienda, excavarían las zanjas para iniciar la cimentación; estas zanjas, las cuales tienen que estar a un metro de profundidad por cuarenta centímetros de ancho, una vez terminada la excavación debidamente perfilada toda la zanja con las medidas que señalé, continuarían con la hechura del cimiento, acomodando las piedras por etapas y posteriormente ahogándolas en mezcla de cemento, hasta que la cimentación saliera sobre el nivel del piso, que quedara quince o veinte centímetros arriba de la parte superior de la banqueta de la calle.

Una vez terminado el cimiento, dejando previamente los huecos en las esquinas y en las uniones de bardas, continuarían ahogando los veintidós castillos, que deben ir parados, uno en cada espacio vacío dejado con anticipación y que además éstos queden correctamente alineados unos con otros, y finalmente deberían de dejar terminada la dala de desplante de toda la casa ya lista para empezar a pegar los ladrillos sobre ella y comenzar a levantar las bardas.

Cada detalle de éstos, por complejos que parezcan, les recuerdo que cualquier albañil con experiencia los sabe hacer sin problema alguno; vamos, sin ningún margen de error. Hasta ahí habíamos quedado con el primer compromiso laboral a destajo y a cambio de todos estos trabajos ya terminados, yo me comprometí a pagarles a los albañiles la cantidad de $16,000.00 (dieciséis mil pesos 00/100 moneda nacional) como concepto de pago de honorarios por mano de obra, los cuales estuvimos de acuerdo en que dicha cuantía se las repartiría en cuatro pagos, para estarles liquidando cada una de las partes según los avances que tuvieran en el trabajo. Los primeros tres mil pesos se los entregué cuando tenían terminada la zanja, los siguientes cinco mil pesos quedamos que se los pagaría cuando tuvieran todo el cimiento al nivel del piso terminado; los penúltimos cuatro mil pesos se los pagué en el momento en que tenían todo el cimiento nivelado junto con los veintidós castillos ahogados en mezcla de cemento, y los últimos cuatro mil pesos se los liquidé cuando terminaron de colar con mezcla de cemento toda la dala de desplante de la casa.

Materiales necesarios

Para esta primera negociación necesité dos viajes de piedra para cimiento, dichos materiales en camiones de volteo con capacidad de doce metros cada uno, con un costo promedio de dos mil setecientos pesos por unidad. También se realizó un viaje de arena en un camión de volteo de seis metros de capacidad, el cual me costó un mil trescientos pesos. Se ocuparon castillos ármex rectangulares reforzados de tres octavos, de los cuales necesité veintiséis castillos, con un costo cada uno de ciento ochenta pesos. En sacos de cal me gasté tres mil ciento cincuenta pesos. Y por último, para esta etapa gasté en cemento la cantidad de diez mil quinientos pesos. Se tienen otros gastos menores que suman en total aproximadamente como unos mil pesos; este egreso es entre clavos, tablas de madera que se ocuparon para colar la dala de desplante y el alambre recocido para amarrar y asegurar los castillos. Sacando la cuenta de todos los materiales que necesité y utilicé para esta primera etapa, tuve un gasto total aproximado en materiales de $25,030.00 (veinticinco mil treinta pesos 00/100 moneda nacional).

En conclusión, en las dos primeras semanas de haber comenzado la construcción de la casa había gastado más o menos entre materiales y mano de obra un total de $41,030.00 (cuarenta y un mil treinta pesos 00/100 moneda nacional) y, siendo honesto con usted, sentía que era muchísimo dinero el que había desembolsado y la verdad no se veía prácticamente nada de avance de la casa, lo único que se observaba o apreciaba que existía a la vista de todo el dinero que había invertido era un puño de castillos de hierro parados en diferentes partes del terreno, pero no por eso me desanimaba, tenía muchas ganas de seguir intentándolo, de llegar hasta el final para conocer el resultado, terminar para aprender y así tener la certeza de que nadie me contara que se siente o que pasa cuando cumples un sueño; además algo en mi interior me decía que estaba en el camino correcto, solamente que tenía un problema grave para ese momento: se me había terminado todo el dinero que tenía ahorrado hasta ese día, prácticamente me había gastado ya todo el efectivo con el que contaba en literalmente cuatro semanas de haber empezado la construcción de la casa.

Motivo principal por el cual me vi obligado a platicar con los albañiles para decirles que tenía muchas ganas de seguir adelante, pero que definitivamente a ese ritmo no podría continuar, que no tenía esas cantidades de dinero para estar pagando cada semana, y lo primero que me sugirieron ellos fue que pidiera un préstamo, pero si de algo estaba seguro en ese momento de mi vida es que los créditos en nada me ayudarían; por lo tanto llegamos a la conclusión de que descansaría a un albañil y su ayudante, quedándome solo con el otro maestro y su respectivo chalan, y comenzó otro lunes de semana nueva y empezamos la negociación de la segunda etapa de la construcción, la cual consistía en que el albañil que se quedó, junto con su chalán, levantarían todas las bardas de la casa, colando los veintidós castillos que estaban parados y por último terminarían toda la dala de corona de la casa (esto es algo igual a la dala de la parte de abajo donde se desplanta la barda pero esta va en la parte de arriba de las bardas), y a cambio de estos trabajos yo me comprometí a pagarles la cantidad de $14,000.00 (catorce mil pesos 00/100 moneda nacional), los cuales de igual manera que la ocasión anterior habíamos acordado que se los liquidaría en cuatro partes, según como fueran avanzando en la construcción de la casa.

Dichos pagos que negociamos de la siguiente manera: tres mil quinientos pesos cuando estuviera el cincuenta por ciento de todas las bardas levantadas a más de un metro con treinta centímetros de alto, los segundos tres mil quinientos pesos cuando estuvieran arriba todas las bardas de la casa a más de dos metros con treinta centímetros de altura, el tercer pago de tres mil quinientos pesos se los haría cuando todos los castillos parados ya estuvieran colados, y los últimos tres mil quinientos pesos se pagarían cuando estuviera colada la corona de la parte superior de la vivienda. Hasta esa parte de la construcción de la casa estuvimos de acuerdo tanto albañiles como su servidor en este convenio.

Levantar bardas

Este proceso es de los más comunes que existen; es más, yo creo que esta parte de la construcción la mayoría de nosotros hemos visto esta etapa cuando pasamos por alguna obra en desarrollo; consiste básicamente en pegar con mezcla un ladrillo encima de otro, cuidando que deben de ir intercalados los de arriba contra los de abajo, cuidar minuciosamente cada línea, hasta que se alcance la altura deseada, en este caso en particular que pase de dos metros con veinticinco o treinta centímetros de altura y deben de quedar todas las bardas al mismo nivel de alto y tienen que estar completamente terminadas con una separación de máximo tres metros de retirado entre castillo y castillo ármex de los que ya se encuentran parados, también se debe de cuidar para dejar una distancia aproximada de unos cinco o siete centímetros de separado, entre la barda terminada y el ármex, para el momento en que se rellene el castillo con cemento, se cubra todo ese espacio que quedó con cemento.

Colar castillos parados

Se le llama colar castillos al trabajo que se realiza con los ármex que están parados, los que quedan entre medio de las bardas de ladrillo que se levantaron, se pone una tabla de madera por un lado y otra tabla de madera por el otro lado, y por la parte de arriba se le deja caer la mezcla de cemento hasta la parte de abajo que está pegada a la dala de desplante; posteriormente se deja secar y se quitan las tablas de madera. A este proceso se le llama colar castillos.

Dala de corona

Se le llama así, pero básicamente es el mismo procedimiento que se hace con la dala de desplante de la casa, donde se estructura una armazón de madera en toda la parte superior de la barda con castillos ármex en su interior, debidamente amarrados unos con otros con alambre recocido. Igual que con la dala de desplante, se hace un cajón de madera y con la estructura de ármex en su interior con la mismas medidas que la dala de desplante y se procede a rellenar con mezcla toda la corona, haciendo igual un rectángulo de cemento en la parte alta de la barda de ladrillo, que sirve de refuerzo y amarre de seguridad para toda la casa.

Materiales que se necesitan

Para esta parte del convenio necesité cinco mil doscientos ladrillos, los cuales valen dos pesos con setenta centavos cada uno de los conocidos como tabiques. También gaste tres mil quinientos pesos en cemento, pues me había sobrado un poco de la cimentación; también usé arena que me había sobrado, y por último compré diez castillos ármex rectangular reforzados de tres octavos, los cuales como ya les comenté me costaban a ciento ochenta pesos cada uno. El gasto aproximado de materiales en esta ocasión durante este mes fue de $19,340.00 (diecinueve mil trescientos cuarenta pesos 00/100 moneda nacional).

De nueva cuenta, en conclusión, les puedo decir que en esta segunda etapa de construcción, entre los gastos de mano de obra y de los materiales que había comprado para poder seguir con la edificación de la vivienda había hecho un gasto aproximado de $33,340.00 (treinta y tres mil trescientos cuarenta pesos 00/100 moneda nacional), cantidad de dinero que ciertamente era menos que la vez anterior, pero de todas maneras se seguía saliendo de mi presupuesto. Bendito sea Dios que el negocio de los videojuegos todavía seguía generando buenas ganancias, pero el gasto de la construcción la verdad era mayor que mis ingresos totales, por lo que me vi en la necesidad de parar la obra. Opté por detener por completo la construcción de la casa, tenía que pensar cómo podía seguir haciéndole para poder gastar esas cantidades de dinero, o de plano simplemente esperarme un tiempo a que juntara algo más de efectivo para poder continuar con el proceso de la construcción.

Decidí detener la obra, y así transcurrieron los siguientes dos meses de mi vida sin hacer nada en esa casa, solamente ahorrando dinero; fueron los meses números dieciocho y diecinueve, los cuales solo recuerdo que diario pasaba por la vivienda a medias para motivarme a seguir ahorrando para continuar con el avance, pues a diferencia de la primera etapa, en esta ocasión ahora sí se veía reflejada la inversión del dinero, pues estaban todas las bardas arriba completamente terminadas con la corona colada. Bueno, se podría decir que ya se le veía o mejor dicho ya hasta parecía una casa.

Para iniciar el mes número veinte partiendo del día cero, ya con $62,500.00 (sesenta y dos mil quinientos pesos 00/100 moneda nacional) de liquidez en mi poder tras los dos meses y una semana de motivante ahorro, continuaba con la tercera etapa de la construcción de la casa. En esta ocasión había logrado negociar con el albañil y su ayudante el pago de $12,000.00 (doce mil pesos 00/100 moneda nacional) de mano de obra por las siguientes tres semanas de trabajo, en las cuales ellos se habían comprometido a hacer lo siguiente: en la primera semana tapar toda la casa con ladrillo de bóveda y hacer una mezcla de cemento un poco espesa para desparramar en toda la parte superior de la bóveda de la casa ya terminada, esto con la intención de evitar futuras filtraciones de agua, comúnmente se le llama lecharear la azotea a esta parte del proceso.

En la segunda semana se habían comprometido a levantar una barda de tres ladrillos de alto, todo alrededor de la casa, la cual ellos le llaman pretiles, y además poner una capa de mezcla de jal y cemento arriba de la bóveda para poder darle nivel o pendiente a la azotea hacia un costado de la vivienda, esto con la planeación de que el agua de la azotea no se encharque y pueda correr hacia los extremos donde se localicen los bajantes o a las orillas de la azotea para que caiga a la calle o en su caso al patio trasero.

Por último, la tercera semana tenían que poner y terminar la instalación de toda la tecata (se le llama así a un ladrillo de barro quemado de aproximadamente veinte centímetros cuadrados de ancho por un centímetro de espesor), el cual va instalado en la azotea de la casa, con una lechereada arriba ya al final después de pegado a la azotea. Básicamente ése era el compromiso de trabajo de los albañiles para las siguientes tres semanas a cambio del pago acordado.

Quiero aclarar que en esta ocasión perdí una semana de tiempo, en la cual compré las vigas que se necesitaban para la casa, y un herrero y su ayudante subieron las vigas, las nivelaron y soldaron durante toda esta semana para poder poner la bóveda, se puede decir que fue la jornada más cara de todas las que llevaba, porque en este solo trabajo pagué la cantidad de $12,500.00 (doce mil quinientos pesos 00/100 moneda nacional) de la pura compra de las vigas de cuatro pulgadas de ancho todas, y de las varillas de tres octavos corrugadas que se necesitaron para soldar unas vigas con otras, comúnmente llamados tirantes.

Pagué aparte la cantidad de $4,000.00 (cuatro mil pesos 00/100 moneda nacional) de mano de obra de la pintada y nivelada de las vigas ya puestas arriba de las bardas soldadas y distribuidas correctamente; se incluía en esta cantidad de dinero la soldada de las vigas para que quedaran listas para que los albañiles pudieran empezar a poner el ladrillo de bóveda en la azotea.

Poner la bóveda

Esta parte en esencia consiste en pegar los ladrillos de azotea, los cuales son un poco más pequeños que los normales, intercalados una hilera con otra, entre viga y viga de hierro, pegados únicamente con una mezcla de cemento. Para hacerlo, agarra un corte el albañil y se va del principio de un canal hasta el final del mismo que se forma entre viga y viga de acero.

Una vez que termina un espacio completo se pasa a otro y así sucesivamente hasta que finalizan de tapar toda la vivienda. Una vez que se ponen todos los ladrillos de bóveda en la azotea, se prepara otro batido de mezcla, el cual se esparce en toda la azotea hasta que se cubre prácticamente todo el ladrillo de azotea que se acaba de instalar después hay que dejarlo secar, y listo, queda prácticamente tapada o techada toda la casa.

Quiero decir que de toda la construcción, el ver esta parte de la edificación es lo más grato que hasta ese momento me había pasado, es cuando se ve más bonita la vivienda, pues se podría decir que es cuando realmente tiene una figura de casa.

Levantar pretiles y poner la jal

Levantar los pretiles es la tarea en la cual con ladrillos normales una vez que está toda la casa tapada con la bóveda, por toda la orilla de lo que es la parte de la azotea de la vivienda se levanta una pequeña barda de tres o cuatro ladrillos de alto, esta pequeña barda perimetral encierra lo que es la construcción principal de la casa; estos pretiles sirven para delimitar todo lo demás que se le pone a la parte superior de la azotea para que no se caiga hacia los lados de la vivienda.

Una vez que se tienen los pretiles terminados, se hace una mezcla de un material que se llama jal con cemento, la que se distribuye en toda la parte de arriba de la azotea, con cierta pendiente o nivel hacia algún costado en específico de la casa, para que el agua que caiga en la azotea pueda correr hacia el lado donde se encuentren los bajantes o simplemente hacia la calle o al patio trasero. Este nivel que se le da a la vivienda en la parte superior de la azotea es para evitar encharcamientos de agua, porque si quedara parejo, el agua se encharcaría y se filtraría posteriormente al interior de la casa.

Instalación de la tecata

Comencemos por explicar lo que es una tecata. Como ya mencioné, es un pequeño ladrillo de barro quemado, de aproximadamente veinte centímetros cuadrados cada uno, como por un centímetro de ancho; esta tecata se pone en la parte superior de la azotea precisamente arriba de la jal, sirve como terminado final para evitar las filtraciones de agua; se ponen acostadas, una junto a la otra y van pegadas también con mezcla de cemento; en las esquinas se ponen acostadas a cuarenta y cinco grados de inclinación, y una vez instaladas todas las tecatas, se realiza el mismo procedimiento que cuando se terminó de pegar el ladrillo de bóveda; se prepara la mezcla para echarle la última lechereada a toda la azotea. Básicamente con este procedimiento se da por terminado el proceso de construcción en la parte superior de la casa. Queda oficialmente terminada la parte de arriba de la vivienda o sea la azotea de la casa.

Materiales que se necesitaron

En esta etapa compré la cantidad de seis mil ladrillos de azotea, los cuales tienen un costo aproximado de un peso con cuarenta centavos cada uno. Gasté mil quinientos pesos en el material conocido como jal, utilizado en la azotea de la casa. Pagué mil quinientos pesos en las tecatas para la azotea. Liquidé tres mil ochocientos pesos de cemento que se utilizó en esta etapa. Otro pedido de arena, del que fueron mil cuatrocientos pesos de un viaje de volteo de seis metros. Hasta aquí fueron todos los materiales que había necesitado en ese momento de la construcción.

Haciendo la suma del total del gasto generado en esta tercera etapa de la construcción, podemos empezar a sumar los $12,000.00 (doce mil pesos 00/100 moneda nacional) que pagué de mano de obra a los albañiles por los trabajos realizados, más la suma del gasto de la compra de las vigas y el pago de la mano de obra por la pintada, la nivelada y la soldadura de esas mismas vigas, pagando por todos estos trabajos la cantidad de $16,500.00 (dieciséis mil quinientos pesos 00/100 moneda nacional), más el costo de todos los materiales que se necesitaron en esta ocasión, los cuales en conjunto dan un total de $16,600.00 (dieciséis mil seiscientos pesos 00/100 moneda nacional), al parecer son todos los gastos que su servidor tuvo en esta tercera etapa.

Al sumarlos dan un total de $45,100.00 (cuarenta y cinco mil cien pesos 00/100 moneda nacional), monto de dinero gastado hasta esta parte de la construcción.

Creo que me encontraba en la etapa más interesante, en el mejor momento, estaba muy emocionado, se le empezaba a ver avance a la construcción y sobre todo final a la casa; empezaba el mes veintidós y también tenía negociada la cuarta etapa de la vivienda con los trabajadores.

En esta ocasión el acuerdo fue que el albañil y su ayudante enjarrarían todo el interior y exterior de la casa, con todo y el techo de adentro por la cantidad de $14,000.00 (catorce mil pesos 00/100 moneda nacional), los cuales, como lo veníamos haciendo, se los pagaría en cuatro pagos dependiendo del avance que tuvieran reflejado en la obra.

Esta vez habíamos pactado que el primer pago de tres mil quinientos pesos se los haría en cuanto terminaran de enjarrar un cuarto completo y el baño de la casa; el segundo se los realizaría cuando terminaran de enjarrar la segunda habitación y el patio de servicio; el tercer abono se haría en el momento que llevaran enjarrado el sesenta por ciento de la sala, comedor y cocina; y el último pago se liquidaría cuando terminaran de enjarrar el cuarenta por ciento faltante del interior de la sala – comedor, cocina y la fachada de la casa. Con esto quedaba totalmente enjarrada toda la casa.

Enjarres

Básicamente este proceso de la casa duró un mes completo y durante todo el tiempo los albañiles hicieron prácticamente lo mismo: enjarrar todas las bardas y techos de la vivienda, incluida la fachada de la casa. Los enjarres consisten en hacer una mezcla de cemento, cal y arena que tiran a las bardas y techos y van pasando una regla para que quede el cemento parejo y después darle el terminado final de la pared con otra mezcla de cemento.

Ya que tienen toda la casa enjarrada y empastada, a todas las esquinas de las ventanas y puertas les tienen que dar un terminado como de boquilla; a este trabajo se le llama emboquillar, esto es algo de lo más laborioso de todo este proceso de enjarres, pero realmente esta parte de la construcción no tiene mucha ciencia, literalmente es esperar a que pase el tiempo para ver resultados y que finalicen para hacer las cuentas de lo que hicieron para pagarles. Terminaron de enjarrar todo el interior y exterior de la casa en un periodo de treinta días aproximadamente.

Materiales empleados

En este caso fueron pocos los materiales que se necesitaron. El mayor gasto en esta ocasión fue en la compra de cemento, cal y marmolina, ya que se gastaron $8,000.00 (ocho mil pesos 00/100 moneda nacional). Pagué un mil cuatrocientos pesos de la compra de otro viaje de volteo de seis metros de arena. Y se puede decir que fueron todos los gastos que tuve en esta etapa, para hacer un gran total de $9,400.00 (nueve mil cuatrocientos pesos 00/100 moneda nacional).

Durante este mes fue necesario contratar un fontanero/electricista para que hiciera todas las instalaciones y conexiones que tienen que ir ocultas abajo del enjarre, las cuales son las mangueras de los conductos de luz de apagadores y contactos, así como también se encargó de instalar todas las tuberías de agua, drenaje y gas, que de igual manera todas estas conexiones van ocultas entre los ladrillos, para que a la hora de enjarrar queden abajo tapadas con la mezcla y no se vean.

Con este fontanero y electricista que contraté hice un convenio de trabajo, el cual en términos generales quedamos en que le pagaría la cantidad de $12,000.00 (doce mil pesos 00/100) por terminar todas las instalaciones y conexiones eléctricas, de agua, de drenaje y gas LP, aceptando la persona que le pagara de acuerdo con los avances que tuviera en la obra; le pagaría dos mil pesos ya que instalara toda las mangueras de luz, otros dos mil pesos ya que finalizaran todas las tuberías de drenaje puestas, tres mil pesos ya que estuvieran todas las conexiones y tuberías de agua y gas instaladas, los otros cinco mil pesos restantes ya que terminara todas las conexiones.

En esta cantidad que acordamos de doce mil pesos literalmente nos referimos a todo el trabajo que tiene una casa en cuanto a lo que se refiere a la electricidad, el agua, el drenaje y el gas, incluida la instalación de la taza del baño, la regadera, el lavamanos, el lavadero del patio, el fregadero de la cocina, el tanque de gas, el centro de carga, la bomba de agua, el contador o medidor de luz de la calle con pastilla y mufa, básicamente incluye todo absolutamente todo lo que ocupa una vivienda para ser funcional. Esta persona se tiene que contratar al momento que se empieza a poner la bóveda, para que él pueda poner las conexiones eléctricas del techo antes de que pongan el jal en la azotea.

Materiales que necesitó el electricista

Durante este mes el fontanero necesitó diferentes materiales, como manguera corrugada para que pasen los cables eléctricos en su interior, la cual va enterrada en las bardas; chalupas que básicamente son las cajas de hierro donde se ponen los apagadores y los contactos de luz; clavos para sujetar la manguera y las chalupas; alambre recocido para amarrar las mangueras y tubos a la pared; tubería de pvc, que también va oculta en las paredes para el agua; tubería de gas, conexiones, tubos para drenaje, de los cuales la mayoría van enterrados en el piso; llaves de paso para el caso de que sean necesarias reparaciones, poder cerrar las llaves. Todo este material costó un total aproximado de $9,600.00 (nueve mil seiscientos pesos 00/100 moneda nacional).

En conclusión, en este mes, sumando todos los gastos había hecho una inversión en mano de obra de albañiles de $14,000.00 (catorce mil pesos 00/100 moneda nacional); en los materiales de los trabajadores había pagado $9,400.00 (nueve mil cuatrocientos pesos 00/100 moneda nacional); en la mano de obra del fontanero fueron $12,000.00 (doce mil pesos 00/100 moneda nacional). En cuanto a los materiales que ocupó el electricista, pagué la cantidad de $9,600.00 (nueve mil seiscientos pesos 00/100 moneda nacional), lo que me dio un gasto total de $45,000.00 (cuarenta y cinco mil pesos 00/100 moneda nacional).

Hasta este mes llevaba una inversión aproximada de poco menos de ciento setenta mil pesos; además todavía contaba con un ahorro de veinticinco mil pesos. Parecía que estaba muy cerca de conseguir mi objetivo poder ver la vivienda terminada, pero no, todavía le faltaba bastantito. Continuemos.

Ya tenía la construcción casi lista, la verdad ya parecía, tenía forma de casa. Llegué a mi último acuerdo de trabajo con los albañiles, en el que ellos se habían comprometido a que pondrían todo el firme de la vivienda, lo que parece piso de cemento; también pondrían la base de cemento en el patio trasero; en la parte del frente elaborarían huellas de concreto en un lado de la casa para que sirviera de andador y cochera para un auto.

Literalmente con estas tres cosas se daba por terminada la casa en cuanto a trabajos de albañilería se refiere. Por estos tres trabajos acordé pagarles la cantidad de $6,000.00 (seis mil pesos 00/100 moneda nacional). Como lo hice durante todo el tiempo que duró la construcción de la vivienda, quedamos en que se los daría en dos pagos cada uno contra avance de la obra: la mitad, que eran tres mil pesos, cuando pusieran todo el firme de la casa, sin darle el terminado final, y los otros tres mil pesos cuando le dieran el terminado al firme de la casa y pusieran el piso de cemento en el patio trasero y terminaran las huellas de concreto del andador y cochera.

Firmes de la casa

Cuando hablamos de firmes, me refiero al ante piso que se pone en el suelo, antes de instalar el piso o vitro - piso final de una casa; este trabajo consiste en una mezcla de cemento con jal; después de instalado y nivelado se le da un pulido, un terminado final, el cual se hace con puro cemento para que quede listo.

En lo que se refiere a los terminados del patio trasero, es una mezcla de cemento y grava, pues en este caso, como no se le pone piso arriba, tiene que ser de puro concreto colado, para que no le haga nada el agua con el paso del tiempo.

Igual pasa con la cochera, las huellas de esta parte son de cemento y grava colado de cinco metros de largo por cincuenta centímetros de ancho; una y la otra se hacen de cinco metros de largo por un metro y veinte centímetros de ancho, pues aparte de servir como huella para el estacionamiento del carro, también cumple la función de banqueta o andador, para entrar en la casa.

Materiales que se necesitaron

En esta ocasión se compraron $4,800.00 (cuatro mil ochocientos pesos 00/100 moneda nacional) de cemento; también se compraron un mil pesos del material conocido como jal, para la mezcla con que se hace el piso del interior de la casa. Por su parte, el fontanero se gastó otros $20,200.00 (veinte mil doscientos pesos 00/100 moneda nacional) en lo que se incluyeron materiales y accesorios como la taza del baño, el lavamanos, la regadera y los manerales, el lavadero del patio trasero, la mufa, la bomba de agua, tinaco con todo y su base, cilindro de gas, cables de electricidad para toda la casa y sus apagadores, contactos y demás accesorios. Costo total de materiales consumidos en la obra por el electricista y fontanero aproximado de: 26,200.00 (veintiséis mil doscientos pesos 00/100 moneda nacional).

Al hacer la suma de todos los gastos de este mes, se tiene un total de mano de obra de los albañiles de $6,000.00 (seis mil pesos 00/100 moneda nacional), más los materiales que ocuparon los mismos trabajadores y los que necesitó el fontanero nos dieron un total de $20,200.00 (veinte mil doscientos pesos 00/100 moneda nacional). Por lo tanto este mes tuve un gasto total de $26,200.00 (veintiséis mil doscientos pesos 00/100 moneda nacional).

Con esta suma daba por terminada la que consideraría como la primera etapa de la casa, pues desafortunadamente tenía que pasar a la siguiente fase los terminados de la vivienda. Los acabados finales. Hasta este momento de la construcción de la casa llevaba invertidos o gastados, como le quieran decir, aproximadamente poco más de $ 190,000.00 (ciento noventa mil pesos 00/100 moneda nacional). Considerando entre un cinco y un diez por ciento más por todo aquellos pequeños detalles que por una u otra cosa se me ha pasado anotar.

7. Terminados

Una vez que tenía casi terminada la casa, comenzaría otro capítulo, algo diferente, donde prácticamente tendría que contratar a una persona distinta para cada siguiente paso y poder darle el terminado final a la vivienda; comenzando la tarea por buscar un herrero para que me hiciera la puerta principal de la entrada de la casa y la puerta de la parte trasera que da al patio, que ambas puertas me las hiciera de hierro; obvio, tenía que ser un diseño bonito y moderno, pues los terminados son los que te ayudan a que la casa se vea bien, es como un carro despintado que se ve todo feo y el carro ya bien pintadito se ve mucho mejor; ayudan muchísimo los terminados finales de la casa para el momento de quererla vender.

Conseguí un herrero que me ofreció un paquete completo, que me incluía las cuatro ventanas que lleva la casa: la primera, la de la parte delantera, de la sala que da a la calle; la segunda, la del cuarto del frente que da a la calle; la tercera, la de la cocina que da al patio trasero; y la cuarta ventana, de la recámara trasera, que también da al patio de la parte de atrás de la vivienda, incluía también la puerta de esa misma área, y por último la puerta de la entrada principal. Me había ofrecido todo este paquete en material de hierro por la cantidad de $19,500.00 (diecinueve mil quinientos pesos 00/100 moneda nacional), precio que se me hizo muy bien, porque las ventanas ya incluían los cristales y las protecciones eran con un diseño nuevo, moderno y minimalista; además de que me gustó mucho el tipo de material, por lo tanto ya tenía resuelto el tema de todas las ventanas y las dos puertas principales de la casa.

El siguiente paso fue conseguir un pintor, quien no fue difícil encontrar y me cobró la cantidad de $6,000.00 (seis mil pesos 00/100 moneda nacional) por fondear y pintar toda la vivienda, tanto en su interior como la fachada principal. Este precio ya incluía todo: la mano de obra y la pintura que se ocupara, quedando de acuerdo en que pintaría toda el interior de la casa y los techos de color blanco, sólo un muro el de la cocina – comedor y la sala de otro color, estos irían de color gris, al igual que los muros principales de las dos recámaras también serían de un color distinto cada uno, el primero de color azul y el segundo de color verde opaco.

En el mes número veinticuatro había gastado entre las puertas y ventanas de hierro la cantidad de $19,500.00 (diecinueve mil quinientos pesos 00/100 moneda nacional) y en la pintura de toda la casa, tanto interior como la fachada de la parte exterior, la cantidad de $6,000.00 (seis mil pesos 00/100 moneda nacional). Dichas cuantías que al sumarlas resulta un total de $25,500.00 (veinticinco mil quinientos pesos 00/100 moneda nacional).

Después me dediqué a buscar una persona que me ayudara a instalar todo el piso de la casa. Encontré un trabajador que me ayudaría, quien me dijo que me cobraría noventa pesos por metro cuadrado de piso instalado, en el interior de la casa, incluyendo el zoclo (es la parte pequeña de piso que va pegada a la pared a ras de suelo) y que me cobraría la cantidad de setenta y cinco pesos por metro cuadrado del piso que instalara en el baño, incluyendo el piso que va pegado en las paredes de la regadera.

Creo que era un buen precio, por lo que estuve de acuerdo y, como lo venía haciendo todo el tiempo, acordamos que le pagaría de acuerdo con el avance que tuviera; en este caso lo hice un poco diferente, pues le pagaba por piezas de piso que pegaba e instalaba; aunque parezca un poco complicado o difícil, les aseguro que no lo es para nada, al contrario, es muy fácil y seguro; esto lo hacía para no darles dinero de más, porque luego cuando les adelantas pagos se van y no terminan el trabajo; por ejemplo, un cuarto de la casa lleva en promedio cien piezas de piso, por lo tanto le pagaba a nueve pesos la pieza de piso instalada. Un poco curiosa esta manera de pago, pero bueno, para mí era muy cómoda y segura porque era muy efectivo este método.

En lo referente al piso, compré uno bonito pero económico a la vez, que medía treinta centímetros cuadrados de diámetro. Hablando de los metros cuadrados de piso para toda la casa, incluido el zoclo y el necesario para las paredes del área de la regadera del baño, compré un total de sesenta y cinco metros cuadrados de piso aproximadamente el cual encontré a un buen precio, ochenta y cinco pesos por metro cuadrado.

Al afinar todos los detalles en cuanto al gasto total de todo lo referente al piso, se puede decir que de mano de obra por la instalación de todo el piso, incluido el baño, pagué la cantidad de $5,800.00 (cinco mil ochocientos pesos 00/100 moneda nacional); en cuanto al costo total del piso, incluido un adorno de cenefa para el baño, pagué la cantidad de $5,950.00 (cinco mil novecientos cincuenta pesos 00/100 moneda nacional); en cuanto al valor del pegapiso y el junteador, gasté un total de $1,950.00 (un mil novecientos cincuenta pesos 00/100 moneda nacional), conjunto de pagos que hacen un gasto neto en la instalación del piso de toda la casa de $13,700.00 (trece mil setecientos pesos 00/100 moneda nacional).

Finalmente busqué un buen carpintero para los detalles de madera de la casa. Se podría decir que corría el mes número veinticinco, cuando encontré a la persona correcta, quien después de que fue a tomar medidas me dijo que me cobraría la cantidad de $29,500.00 (veintinueve mil quinientos pesos 00/100 moneda nacional) por hacerme los dos closets, uno para cada recámara, con un estilo nuevo y minimalista. El precio incluía todo, hasta el diseño interior para las divisiones y cajones, tubos de acero para poder colgar la ropa y hasta espacio para poner los zapatos.

En el presupuesto también se incluían tres puertas, una para cada recámara y la puerta del baño; las puertas no serían de las conocidas como de tambor, serían puertas sólidas de un material conocido como listón, y por último la cocina integral del mismo material con cubierta anti – agua de tipo formaica, por cierto muy bonito el diseño de la cocina, con muchos cajones y los terminados de lujo, por lo que una vez que me mostró los diseños y nos pusimos de acuerdo en el precio, le dije que adelante, que estaba de acuerdo.

En iguales condiciones que como lo hice en todos los demás pagos, los fui haciendo contra los trabajos terminados. Les insisto mucho esta parte de hacer los pagos contra avances en el proceso, porque es de lo más común que la gente te quede mal: si les adelantas mucho dinero para un trabajo, siendo ésta la manera más segura y eficiente para tratar de que no pase eso, en este caso le pusimos precio a todo: a los closets les fijamos un costo de siete mil pesos, las puertas las valuó en dos mil quinientos pesos cada una, y el resto del dinero a la cocina. Para el primer closet le di tres mil quinientos pesos al empezar y otra cantidad igual cuando estaba instalado y terminado, y así sucesivamente con cada cosa que instalaba.

Con esto se puede decir que finalicé la construcción de mi primer casa a principios del mes número veintiséis. Uno de mis más grandes sueños se había hecho realidad: un hogar construido sin ningún préstamo; además en muy poco tiempo y solo con dinero de ahorro que había conseguido cambiando muchos malos hábitos y costumbres que venía erróneamente arrastrando en mi vida, ciertamente con mucho sacrificio, bastante tal vez, pero bueno, así de grandes y extraordinarios eran los resultados que había obtenido también, eran más que palpables, totalmente reales y muy satisfactorios, el solo hecho de pensar que había cambiado treinta años de esclavitud por unos cuantos meses de sacrificio para obtener el mismo resultado, en automático se convirtió en toda una proeza y un logro casi imposible de creer, por cierto.

En resumen, la construcción de la casa al cien por ciento terminada, lista para poder ser habitada, había tenido un costo total aproximado de 274,000.00 (doscientos setenta y cuatro mil pesos 00/100 moneda nacional).

Quiero comentarles algo que me paso cuando casi estaba terminada la casa, durante el proceso final, se acercó más de una persona a preguntarme si la vendía; les decía en ese momento que no sabía todavía si la pondría en venta o no, porque en cuanto estuvo por fin habitable, lo primero que se me vino a la mente era la idea de cambiarme a vivir en ella y ya no pagar renta, pero empecé a hacer cuentas y en la actualidad pagaba en promedio diez mil pesos al año de renta en el lugar donde vivía.

Si me cambiaba a vivir a la casa nueva, eso sería a todo lo que podía aspirar como mejoría, sería todo el dinero que podría ahorrar; por el contrario, si vendía la casa mi ganancia sería dos mil veces mayor al compararla contra el ahorro que tendría en la renta. Creo que ante esas circunstancias al momento de hacer deducciones lógicas, no había nada qué discutir. Puse inmediatamente la casa en venta. Ya tenía el costo total de la casa: cerrándolo a números generales me había costado la cantidad de $274,000.00 (doscientos setenta y cuatro mil pesos 00/100 moneda nacional), por el terreno donde construí la casa había pagado la cantidad de $75,000.00 (setenta y cinco mil pesos 00/100 moneda nacional), por lo tanto la nueva vivienda tenía un costo total aproximado de $349,000.00 (trescientos cuarenta y nueve mil pesos 00/100 moneda nacional).

Me parecía poco dinero el que me había costado, hice las cuentas totales más de una vez, creyendo que algo se me pasaba, pero créanme, era la verdad, eso había costado construir mi primera casa. No entendía por qué todas las casas que vendían cerca de donde había construido la mía, las cuales eran de desarrollos inmobiliarios grandes, todas las vendían por cantidades superiores a los seiscientos mil pesos y básicamente era la misma cantidad y calidad de construcción, dos cuartos, sala - comedor, cocina, un baño, patio trasero y cochera.

Pero bueno, ya decidido puse la casa a la venta, le mandé hacer una lona grande que colgué en la barda de la fachada, la cual decía: "Se Vende Casa Nueva en $590,000.00" (quinientos noventa mil pesos 00/100 moneda nacional). Sé que suena un poco ilógico, pero había que intentarlo, los demás lo hacían, vendían casas en ese precio incluso más caras y lo mejor, se les vendían. Te puedo decir sin exagerar que la mía se veía mucho más bonita y que además estaba por lo menos diez mil pesos más barata que la mayoría de las casas que vendía la competencia.

Iniciando en ese momento oficialmente con la siguiente etapa, entré en la faceta de la venta de la casa.

8. La venta

Yo creo que esta parte es de las más emocionantes, de las que más me robaba el sueño, pues todo el tiempo estaba pensando "y si no se vende, qué voy a hacer", pero bueno también por otro lado pensaba "qué es lo peor que puede pasar si no la vendo, que me tenga que quedar con ella y cambiarme a vivir ahí", no sonaba para nada mal la idea; como sea, yo ya había ganado y bastante con lo que había logrado en poco más de dos años de dedicación y determinación de cambiar mi vida: tener una casa propia y totalmente pagada sin ningún adeudo o crédito pendiente por liquidar.

Había cumplido uno de mis sueños: el de tener una casa propia, el cual la mayoría de las personas se pasa los mejores treinta años de su vida pagando mediante un crédito hipotecario que solicitó para poder comprar una vivienda financiada. En este caso yo lo había conseguido, ciertamente con mucho sacrificio y disciplina, pero como sea, lo había logrado y en poco más de dos años partiendo del que considere como el día cero. En este corto tiempo logré conseguir de un puesto laboral común y corriente, un trabajo de lo más normal, como el que puedes tener tú, querido lector ahora, aunado a muchas ganas, determinación y organización que me ayudaron a ser dueño de una vivienda propia.

Si lo analizamos con números, les puedo decir que cambié los treinta años de mi vida pagando un crédito, por poco menos de tres años de trabajo y sacrificio bien organizado para obtener el mismo resultado, pues a todas luces no se compara el sacrificio de los tres años contra los treinta años de martirio, estrés y pagos mensuales. Por el lado que se vea, había ganado bastante.

En ese momento y en esa etapa de mi vida creía que nadie me podía parar, me sentía en mi mejor estatus, sentía que tenía el mundo a mis pies. Pensé "la voy a vender y lo voy a hacer muy rápido". Recordé el sistema que utilicé en los videojuegos: los medios de comunicación y las redes sociales. Contraté una persona experta que se dedica a eso, para que me hiciera un buen video de promoción de venta de la casa con buenas tomas de video y excelentes fotos que mostraran lo hermoso de sus interiores y que me ayudara a subirlo a todas las plataformas digitales y redes sociales de comunicación que existieran, para anunciar constantemente la venta de mi vivienda.

Esta persona, a mi sentir, me cobró un dineral por hacerme el video de publicidad para poderla poner a la venta: le pagué la cantidad de tres mil pesos por la edición y por subirlo a las plataformas y redes sociales para anunciar su venta y además de ponerle un mil pesos para promocionar mi publicidad durante treinta días en diferentes medios digitales.

Estaba hecho, definitivamente realizaba todo lo que estuviera a mi alcance, puse todo de mi parte para que se vendiera lo más rápido posible. Por cuenta propia, hice lo mío, aunque más rústicamente se podría decir. Apliqué una idea que se me vino a la mente, la cual era más barata que las redes sociales: tome las fotos de la casa las mejores de cada uno de los de diferentes lugares, principalmente de los detalles de madera, refiriéndome a las puertas, closet y cocina; también de los pisos y baño. Todas las fotografías a color las puse en una carpeta e hice como cien juegos; me gasté aproximadamente como mil doscientos pesos en estos cien juegos de carpetas, las cuales contenían en su interior las imágenes, el domicilio de la casa, el precio y mi número de teléfono, para que me marcaran si necesitaban información de la venta.

Fui y repartí estas carpetas que había hecho personalmente, entre personas que creía eran posibles clientes, quienes vivían cerca de donde estaba la casa, en los alrededores de la colonia. Pensé que era un plus para estas personas vivir cerca de su lugar de trabajo. Las llevé a todos los trabajadores de los bancos que estaban cerca, empleados de empresas grandes; bueno, hasta al señor de la tienda de abarrotes de la esquina de la cuadra le entregué una carpeta, nada perdía.

Estaba en eso cuando bingo, tremenda sorpresa me llamo un subgerente de un banco cercano me marcó para preguntarme si aceptaba crédito bancario. En lo particular en ese instante no tenía la mínima idea de lo que era hacer el trámite de un crédito, mucho menos tener los conocimientos de cómo se hacía para juntar todos los papeles que se necesitan para pedir un préstamo, pero no creí que se perdiera nada con intentarlo y le dije que sí. Quiero aclarar que me ayudó mucho el hecho de que el comprador fuera el subgerente del banco, porque la verdad piden muchísimos requisitos para vender una casa por medio de un crédito, documentos de los cuales desconocía por completo, literalmente no tenía ninguno, pero el mismo subgerente me contactó con las personas correctas, entre ellas un perito de banco que me ayudó con todo el trámite para poder finalizar la venta, la cual acordamos cerrar en la nada despreciable cantidad de $560,000.00 (quinientos sesenta mil pesos 00/100 moneda nacional).

¿Saben, tienen idea de lo que se siente cuando logras algo así? Es una felicidad que no se puede describir, algo muy grande que se siente aquí adentro de tu ser, sobre todo emocionalmente te ayuda a querer crecer más, buscar sueños más grandes, todo parecía felicidad. Lo que nunca nadie me aclaró es que el trámite para el pago de la casa duró más de tres meses para que me depositaran el dinero a mi cuenta de banco; claro que la casa no la entregué hasta que vi reflejado el efectivo en mis ahorros bancarios. Hasta ese día que vi con mis propios ojos el depósito en mi saldo, le di las llaves de la casa a mi comprador.

Listo, había hecho mi primer gran negocio, tenía en mi cuenta de banco la nada despreciable cantidad de quinientos sesenta mil pesos. Con el afán de seguir siendo honesto, me "destrampé" unos días, si se le puede llamar así, pues al día siguiente de que tuve el dinero en mi poder fui a retirar diez mil pesos, los cuales en el fin de semana siguiente me los fui a gastar sin ningún remordimiento de conciencia en lo que me gustaba y se me iba atravesando, fuera lo que fuera: zapatos, ropa, cuanta tontería se me antojaba; bueno, hasta fui a un restaurante de los más caros de todo Guadalajara a comer y me metí a ver una película a las salas VIP; no paré en todo el día hasta que me acabé los diez mil pesos en el mismo fin de semana,

No olvidemos que no existe mejor recompensa para tus emociones, sentimientos, pensamientos, ideas y sobre todo, para tu mente que el tener una excelente recompensa por haber obtenido un logro importante. Si no se lo hacemos saber nosotros mismos como principales interesados, quien se lo hará saber por ti, de no hacerlo cómo lograrás que todas esas emociones sigan trabajando en el mismo sentido correcto que lo han hecho. Motivarte para conseguir avanzar pero cada vez, con más ganas, que cada siguiente meta sea en busca de algo más grande. Entonces, no te limites en recompensarte por cada logro que obtengas, claro, siempre y cuando lo hagas con medida, ten muy presente que no se puede gastar todo lo que ganas en una sola celebración, incluso ni gran parte de esa ganancia, porque entonces tendrías que comenzar a leer estas líneas de nueva cuenta desde el principio.

Continuando te puedo platicar que nunca en mi corta vida había tenido un día tan memorable como ése. Un muy bonito recuerdo. Creía que me los había ganado, que era justo, necesario y por qué no, hasta sano disfrutar de un poco de ese dinero. La verdad sentí mucha tranquilidad al hacer esto, no sé si fue bueno o malo pero me gustó y no me arrepiento, que es lo mejor y más importante.

Se los recomiendo cuando logren lo mismo, es muy pero muy grato saborear los placeres del dinero más cuando lo has ganado a base de mucho esfuerzo y sobre todo es muy difícil de olvidar ésa primera vez que tocas con éxito las mieles del triunfo.

9. Se repite el procedimiento

Creo que había descubierto el camino a la felicidad y sobre todo el atajo a la abundancia, por lo menos así lo creía. Había aprendido suficiente con la primera experiencia. Lo único que hice fue repetir todo el proceso de lo que había hecho al construir la primera casa, el cual estaba por demás que claro que me había funcionado. Además, durante los meses que estuve esperando para que me hicieran el depósito de la venta, no estuve en vano, me dediqué a buscar otro terreno para poder empezar la siguiente construcción.

Encontré otro lote baldío relativamente cerca de donde había hecho la primera casa, incluso con las mismas medidas, con un pequeño inconveniente en esta ocasión: no sé si en la compra del primer terreno había corrido con mucha suerte o en menos de un año los predios en la zona habían tenido muchísimo incremento en su valor, pues lo más barato que lo pude conseguir en esta segunda ocasión fue en un precio de $105,000.00 (ciento cinco mil pesos 00/100 moneda nacional), un sobre costo de casi el cuarenta por ciento en su valor comparado con el de la primera compra;

era muchísimo dinero, pero bueno, el margen de utilidad en la venta de algo que ya conocía creo que permitía esta compra en ese precio. Así lo pensaba y así lo hice, con la enorme ventaja de que cuando cuentas con el efectivo en tu poder, todo es mucho más fácil y sobre todo más rápido.

Oficialmente se podría decir que iniciaba la construcción de mi segunda vivienda corriendo el mes número treinta, tomando como referencia el día cero, para lo cual seguiría exactamente el mismo procedimiento que en la anterior, con la diferencia de que había contratado cinco trabajadores. Además, como pagaba todas las cosas y materiales que ocupaba de contado y por adelantado, conseguía un descuento adicional en la compra de prácticamente todo, debo admitir también que esto me ayudó en mucho en cuanto a la ganancia. Se podría decir que para construir la primera casa tardé aproximadamente diez meses para tenerla totalmente habitable.

Pues para esta segunda vivienda me bastaron solo tres meses y una semana para tenerla totalmente terminada, era muchísimo tiempo la diferencia. Los costos de la mano de obra prácticamente se mantuvieron igual, lo que tuvo un pequeño incremento fueron los materiales, pero gracias a los descuentos que conseguía por pagar de contado y por adelantado, se podría decir que casi me salió en el mismo valor; el único aumento desfasado y considerable fue el costo de la compra del terreno, pero bueno, es parte de la realidad que vivimos en la actualidad con tantas inflaciones e incrementos en prácticamente todo, es algo que inevitablemente tenía que suceder.

Cuando terminé la segunda casa, realicé el mismo procedimiento para poderla poner en venta: contraté a la misma persona que me ayudó con la elaboración de la publicidad del vídeo de la primer vivienda — básicamente recurrí a los mismos trabajadores que me ayudaron en la primera construcción —, esta persona de nueva cuenta mi hizo un promo comercial y lo subió a todas las redes sociales para promocionar su venta. Yo, por mi parte, hice lo mismo que la vez anterior: una gran cantidad de juegos de copias que repartí de nueva cuenta entre los trabajadores cercanos a la casa.

Esta vivienda tardé un poco más de tiempo para venderla, aproximadamente mes y medio; también es cierto que cerré el trato un poco más caro que la vez pasada, en esta ocasión la vendí en la cantidad de $585,000.00 (quinientos ochenta y cinco mil pesos 00/100 moneda nacional), y ahora el trato de compra - venta fue diferente: fue pago de contado, a diferencia de la venta en crédito realizada la primera vez.

En resumen, oficialmente con esta segunda casa, sumando la totalidad de las ganancias, contra las inversiones, había logrado ganar más de un millón de pesos en un lapso de poco menos de tres años, tomando como referencia o partiendo desde el día que consideramos como cero, o mejor dicho partiendo de la cantidad de menos quinientos pesos, que era la suma de dinero que perdía cada mes con mi errónea manera de administrar los tiempos, costumbres y hábitos en mi antigua vida y mis ingresos.

10. Comentarios

La experiencia narrada en este libro es un fragmento real de mi historia de vida. Hay muchos criterios diversos que en lo general se engloban en la cuestión lógica, incluso sé que recibiré críticas, al igual que felicitaciones; bienvenidas las dos, que estoy seguro que de ambas aprenderé algo nuevo. Les puedo asegurar que esta historia está lo más apegada a mi realidad que viví o incluso sigo viviendo.

Definitivamente escribir esta experiencia ha sido uno de los más grandes retos que me he propuesto en la vida, la cual de verdad no ha sido para nada fácil; mas sin embargo no me puedo quejar, porque he tenido la dicha de conocer vidas de personas que de verdad sí la pasan mal y hacen que la mía, que mi paso por este mundo se vea como lo más parecido a la gloria misma. Y sinceramente no tendría cara para enojarme, en primera porque todo mundo nos la pasamos quejando de que nos va mal, porque siempre nos auto juzgamos pensando y preguntando por qué me pasa todo lo malo a mí, etc., pero la verdad nunca hacemos nada constante para tratar de cambiar algo, con la intención de mejorar nuestras vidas.

Es cierto, es muy difícil mantener un ritmo de sacrificio como el que en este caso efectué, pero también es verdad que si quieres algo, tienes que apostarle todo, echar toda la carne al asador para poder conseguirlo. La verdad a la mayoría de las personas se les hace mucho más fácil y sencillo vivir quejándose y nunca empezar un cambio. Cuando ya quieren animarse a hacerlo se dan cuenta que es demasiado tarde, ya tienen encima las deudas de treinta años en su itinerario.

En lo personal sí quise cambiar, sí quería tener una calidad de vida mucho mejor a la que actualmente tenia, preferí sacrificar tres años de mi vida para empezar y así por lo menos estoy seguro de que no me voy a lamentar por lo que me reste de vida por no haberlo hecho incluso intentado a tiempo, aunque aclaro, en lo personal nunca creo que sea tarde para empezar a hacer cosas para mejorar, siempre será mucho mejor iniciar tarde que nunca y mientras se intente y se haga con muchas ganas estará viva la posibilidad de lograrlo con independencia de la carga económica que ya tengas a cuestas sobre tus hombros.

Definitivamente las cosas pasan por algo y en este caso todo se conjugó, todo apuntaba para que se hiciera, se produjeron todas las circunstancias de tiempo, modo y lugar para que me pudiera nacer el gusto por desear compartir estas experiencias de vida con ustedes. Toda la humanidad nos estamos volviendo tan envidiosos, muy malos, ya no nos ayudamos unos con otros. Créanme, me consta que años atrás, mejor dicho décadas, sí nos ayudábamos desinteresadamente. En qué momento cambiamos tan drásticamente nuestros principios y valores, porque les recuerdo que antes no era así, hemos cambiado demasiado y desafortunadamente para mal.

Meditaba todas las noches sobre todo lo que me estaba pasando, en especial de todo lo malo que pasa en el mundo de forma repetitiva una y otra vez, era imposible no escuchar a diario puras malas noticias. Situación que me obligaba a meditar mucho, Pensaba sobre mis errores. Creo, no sé si ingenuamente, que compartiendo mi historia ayudaría a más de una persona a salir adelante en este, cada vez, más difícil camino llamado vida. Me resulta muy alentador pensar que este libro podría ayudar a más de uno y, lo más sorprendente y retórico para mi persona, es que nunca había leído un libro completo en toda mi vida.

Me dije "por qué no escribir uno de principio a fin", y mira, aquí está el resultado, la prueba más fehaciente de que cuando se quiere algo, si se le pone dedicación y empeño es muy probable que se consiga. Espero de corazón que de algo le sirva por lo menos a alguien esta lectura, porque es triste ver cómo toda la gente se atreve a juzgarnos, señalarnos, tener tan marcado eso que llaman clases sociales, que éste es rico, que yo soy pobre, criticar, decir sin saber exactamente la verdad, sin embargo, no existe freno para etiquetar diciendo que unos somos flojos, que otros son esto o aquello, sin conocer en muchas de las ocasiones la verdad que hay detrás de cada uno de nosotros.

¿Cómo quieres mejorar si la mayoría de las personas, lejos de ayudarnos, se encargan de hacernos la vida más difícil? Cada que pueden te meten el pie para que te caigas y todo mundo se reía de uno. Este principio, esta idea de ayuda fue la mayor inspiración para compartir mi historia, con la única intención de ayudar a más de uno a tener la posibilidad de poder aspirar a una mejor calidad de vida. Añoro un futuro lleno de personas buenas que nos ayudemos entre todos para estar mejor, pero todos juntos, dejar algo, aunque sea un tantito mejor que como estamos, claro en beneficio de las siguientes generaciones.

A lo largo de mi vida he hecho cosas buenas, muy buenas, al igual que he hecho cosas malas, muy malas, pero no me arrepiento en lo absoluto, en lo más mínimo, de ninguna de las dos conductas, porque todo eso ha sido parte de mi crecimiento y formación, en esta escuela de aprendizaje que me ha ayudado a ser la persona que soy, que me ha servido a definir mi camino y me ha forjado como un mejor ser humano.

Estoy seguro y convencido de lo que quiero, que busco lo mejor para mis hijos y que definitivamente eso que añoro para ellos está lejos, muy retirado de este mundo, por la manera como no lo estamos acabando. Quizás el lugar que quisiera para mis hijos está muy lejos de la realidad que vivimos, pero bueno, yo también he dado el primer paso y quiero hacer mi parte aportando un pequeño granito de arena para empezar este cambio, ayudarnos unos con otros a todos ser mejores y, en el peor de los escenarios, poderles decir a mis seres queridos: "Lo intenté, no pasó ni cambié absolutamente nada en lo más mínimo", pero nadie me podrá decir qué se siente no quedarte con las ganas de hacer algo que quieres, con la finalidad de empezar o, por qué no, de lograr un cambio para bien, sentirme tranquilo conmigo mismo porque por lo menos lo estoy intentando, tratar de ayudar siempre a los demás en la forma que sea o como se pueda. Como siempre lo he pensado ayudar sin esperar nada a cambio: con uno que ayudara, yo ya ganaría y mucho.

Es muy importante no tener miedo al iniciar algo desconocido. Total, por muy mal que nos vaya en esta nueva experiencia, lo único que se puede perder es efectivo, y por lo menos su servidor siempre he sido de la idea que todo lo que se compra con dinero es barato. Ni siquiera podemos decir que perdimos tiempo, porque en ese lapso aprendimos un nuevo oficio, experiencias y conocimientos los cuales no sabemos si algún día en un futuro nos puedan servir en algo para ser mejores, tal vez en algún otro trabajo, pues ciertamente toda nueva experiencia es conocimiento y este es la mejor inversión que podemos tener en nosotros mismos, es una excelente manera de prepararte para el futuro, pues, nunca olvides que siempre triunfa el que más experiencia y conocimiento acumula a lo largo de su vida.

Aprender que lo único que nunca tenemos que abandonar en nuestra existencia son las ganas de seguir viviendo y en medida de lo posible hacerlo saliendo adelante, tratar de cada vez buscar una calidad de vida superior a la que tenemos, ser mejores seres humanos en todo, siempre con la ideología de ayudarnos unos a otros en todo momento, sin esperar nada a cambio.

Decía que creía que todo se había acomodado para que pudiera escribir este libro, y tan lo fue así, como es el hecho de creer que estoy atravesando por el mejor momento de mi vida, en la etapa que me siento pleno como ser humano, compartiendo mi existencia al lado de los seres que realmente valen la pena, que quiero y amo más que a mi vida misma: mi pareja *Cuchi* y esos bellos pequeños que llevan una parte de mi corazón: Liah, Mario y Andy, que juro trataré de enseñar y guiar en este difícil camino, para que sólo conozcan lo bello y hermoso de este paraíso. Dejarles como herencia algo verdaderamente valioso; el mejor de todos sus aprendizajes, que reconozcan desde pequeños a valorar las cosas que realmente son importantes para su existencia y formación. Aprender que el tiempo es lo más valioso que pueden tener, incluso por encima del dinero, aunque no podemos negar que también este se necesita.

Es muy importante enseñarnos a distinguir entre la importancia y relación que existe en cada uno de estos dos factores: tiempo y dinero, aprender que cada segundo se puede transformar en efectivo y viceversa, cada peso lo podemos convertir en tiempo de provecho a nuestro favor, nunca olvidar que los trabajos normales de ocho horas diarias, van a la baja en una carrera desenfrenada sin obstáculos en cuanto a la paga que recibes por ellos y por el contrario los precios de los insumos corren desenfrenadamente a la alta. Entender el principio básico que rige nuestro sistema financiero, que el dinero tiene un solo propósito influir y tener injerencia en absolutamente todo en esta vida.

Por último, quiero compartir un humilde consejo que estimo es muy importante: cinco minutos hacen la diferencia para cualquier persona, no tienes idea la importancia que representa para la vida de todo ser humano esa pequeña cantidad de minutos, lo realmente trascendente es el destino final que se le dé a cada segundo de esa fracción de tiempo ya sea planeando una correcta estrategia o simplemente aplicados constantemente en algo productivo les aseguro que este sencillo habito le puede cambiar completamente el futuro a quien se anime a intentarlo.

Ya nada más como moraleja: hay que tener mucha fortaleza para perder el miedo a animarnos a iniciar proyectos nuevos con independencia de cada resultado que se obtenga, lo importante es aprender y sobre todo acostumbrarnos a nunca quedarnos estancados en el mismo lugar durante mucho tiempo. Siempre hacer de todo para estar en constante movimiento en busca de una calidad de vida mejor que la que actualmente tengas, insisto el resultado al final vale la pena con creces por cada segundo y esfuerzo de sacrificio invertido.

Quisiera que todo mundo me hiciera el favor de leer este libro. Creo que sería muy gratificante como ser humano saber que algo que haces le puede ayudar o servir a alguien más, pero sobre todo me gustaría muchísimo y sería mucho más memorable que todos los mexicanos que estemos cansados de la forma en que estamos cambiando nuestros valores y principios, paremos esto, que nosotros mismos nos demos cuenta de que somos la mayoría los buenos, que estamos hartos de toda esta situación, de cómo nos bloqueamos entre nosotros mismos con tanta envidia, cómo nos cerramos las puertas en la cara, lo más triste que suceda entre conocidos.

Y si somos la mayoría, por qué no poner un alto, empezar un cambio, para bien de todos nosotros, darnos la mano unos con otros sin esperar nada a cambio, solamente tener como recompensa que esa persona que ayudamos esté un poco mejor que un día antes, que solo ésa sea nuestra paga o satisfacción. Por mi parte, yo ya lo estoy haciendo al compartir mi historia con usted.

Por último, por favor siempre recuerden tratar de encontrar un trabajo que al final de la jornada les proporcione el tiempo suficiente para pensar con calma alguna correcta estrategia que les ayude a ganar más dinero en un futuro cercano.

11. Agradecimientos

Quiero hacer un especial agradecimiento a mi pareja Irais alias *la Cuchi*, a mis tres hermosos hijos, que definitivamente han sido los héroes de toda mi vida, los motores que me impulsan cada nuevo día. A ellos debo el tener la fuerza para motivarme a poder escribir esta lectura. Agradecerles por estar siempre a mi lado sin cuestionar nada, sin importar la adversidad del tiempo, ya sea que fueran tiempos buenos o malos, incluso en los momentos más pésimos de mi vida, ellos siempre tienen una sonrisa para mí, un gesto o un simple abrazo que al final del día cambian todo para bien.

Esos simples detalles son los que realmente valen la pena, son esos pequeños momentos los que te alegran no sólo el día, sino la vida misma. Son esas razones que realmente le dan sentido a mi vivir, que son, han sido y serán mi principal fuerza para tratar de enderezar mi vida, para cada nuevo despertar tratar de ser una mejor persona, un mejor ser humano, un hijo, un hermano, esposo, pero sobre todo un padre ejemplar y poder estar en condiciones de poderlos guiar por el camino correcto a esos pequeños que tanto amo, que espero Dios me dé la oportunidad de poderlos disfrutar muchos pero muchos años más, que sepan que esto que hago no es por nadie más que por ellos y que sobre todo lo hago con mucho gusto, porque por alguna razón inexplicable mi vida pasó a segundo término al momento de su existencia, pues mi prioridad, mi principal razón para vivir son ustedes. Muchas gracias por existir, los amo tanto y a diferencia de lo que piensa cada uno, les puedo asegurar que los amo a los tres por igual.

Quiero agradecer de una forma por demás especial a mis padres, que definitivamente son un vivo ejemplo a seguir, personas intachables, demasiado correctas. Definitivamente este libro se los dedico a ellos, por ser las mejores personas del mundo. Jamás me enseñaron algo malo, por el contrario, no tengo recuerdo alguno de haber visto una mala conducta o avergonzarme por algo que hayan hecho o dejado de hacer, al contrario, si de algo me siento afortunado y orgulloso es de ser su hijo, que definitivamente el día que muera, si Dios me diera la oportunidad de volver a nacer, los volvería a escoger como mis padres.

Me siento muy orgulloso de tener unos padres que son ejemplo a seguir en todos los sentidos, como matrimonio, personas decentes, seres humanos correctos y que a pesar de todas las malas decisiones que en lo personal he tomado en la vida, les puedo asegurar que no son culpables ni responsables en lo más mínimo en ninguna de ellas, son responsabilidad y consecuencia de mis actos, que en algún momento de la vida cometí el error de mezclarme en circunstancias y decisiones por caminos equivocados.

Muchas gracias por todo, absolutamente por todos los bellos momentos a su lado, son recuerdos muy gratos que llevaré tatuados en mi corazón por siempre. A mi padre con su increíble gusto por la cacería. Y a mi madre, la mujer más trabajadora y luchona que conozco en la vida. Jamás los olvidaré y no existe mejor culto y reconocimiento a ustedes que esta dedicatoria para recordarlos por siempre en mi vida. Los amo y amaré toda mi existencia. Sinceramente de corazón muchas infinitas gracias *(Papás) Ma. de la Luz y Mario.*

También quiero agradecer de una manera por demás incondicional a esas tres personas que han estado ahí en todo momento, siempre apoyándome sin importar las circunstancias: mi hermano el Güero, mi hermana Licho y mi hermana Chuy. Un fuerte y sincero abrazo a cada uno de ellos y sobre todo muchas gracias por todo.

La intención del autor, mediante este libro, no es proporcionar un asesoramiento como tal, mucho menos legal, contable, financiero o de inversiones personalizadas o rentables. No existe método o sistema comprobado para que algo o alguien pueda asegurar el resultado adelantado de cualquier actividad, mucho menos favorable, de lo aquí planteado.

Humildemente, me permito recomendar a todos mis lectores buscar el complemento mediante consejos y asesorías de profesionales, expertos, personas competentes y reconocidas en la materia, que les ayuden a buscar o en su caso consultar para el planteamiento de una correcta estrategia.

El autor, el editor y cada uno de todos los participantes involucrados directa o indirectamente en la producción, edición e impresión de estas líneas negamos rotundamente cualquier responsabilidad por cualquier pérdida o riesgo negativo en que se incurra como consecuencia directa o indirecta del uso, criterio, aplicación o interpretación de cualquiera de los temas, fragmentos, párrafos, líneas, palabras, consejos, moralejas o ejemplos contenidos en esta obra literaria.

Aunque al momento de la impresión, el autor y el editor han hecho todo el esfuerzo posible para asegurarse de que la información contenida en este libro sea correcta, ni el autor, ni el editor y ninguna de las personas que participan se hacen responsable del contenido mucho menos de la interpretación de las presentes líneas.

Mario Quintero, ni ninguna de las partes asumen ninguna responsabilidad y quedan exentos de cualquier implicación por pérdida, daño, o problema ocasionado por errores u omisiones, ya sea que tales errores u omisiones sean el resultado de negligencia, accidente o cualquier otra causa o interpretación que se le pudiera dar al contenido, tanto en forma directa como indirecta.

Este libro no pretende ser un sustituto para la recomendación de acciones o estrategias. El lector debe consultar a un experto u profesional en cuanto a los asuntos y materias interesadas, y particularmente, con respecto a cualquier acción que pueda tener alguna reacción o consecuencia, con independencia de que sea buena o mala.

Los puntos de vista expresados son únicamente criterios del autor, y no deben de ser considerados como instrucciones ni órdenes de un experto; el lector es siempre responsable por sus propias decisiones y acciones.

La adhesión a todas las leyes y regulaciones aplicables, incluyendo internacionales, federales, estatales, municipales y de gobierno, las prácticas comerciales, la publicidad y todos los demás aspectos de hacer negocios en Estados Unidos, Canadá, México o cualquier otra jurisdicción, es responsabilidad exclusiva del comprador o lector.

Ni el autor ni la casa editorial asumen ninguna responsabilidad u obligación legal alguna en nombre del comprador o lector de este material literario. Cualquier percepción sobre alguna ofensa a cualquier individuo u organización es completamente no intencionada, una disculpa de antemano en el caso de así sentirlo. Muchas gracias por todo su tiempo y comprensión.

Índice

MI PRIMER MILLÓN

Cómo ganar tu primer millón en tres años

se terminó de imprimir
en agosto de 2020
en los talleres gráficos
de Amateditorial, S.A. de C. V.
Prisciliano Sánchez 612, Colonia Centro
Guadalajara, Jalisco
Tel-fax: 36120751
36120068
amateditorial@gmail.com
www.amateeditorial.com.mx

Edición y revisión al cuidado del autor